Die
Organe für die Rechtspflege
in
ihrer gegenseitigen Begrenzung.

Systematisch

und

— in Vergleichung mit der Preußischen und Rhein-Preußischen Justiz-Verfassung, sowie mit den für die Staatsanwaltschaft geläufigsten Reform-Vorschlägen —

kritisch dargestellt

von

A. Hauschteck,
Königlichem Staatsanwalt.

Berlin.
Druck und Verlag von Georg Reimer.
1862.

Vorwort.

Deutschland ist einig in dem Wunsche und Streben nach Einheit. Für Herbeiführung gemeinsamen Rechts hat der Deutsche Juristentag eine kräftige Rolle übernommen. Die Worte des Professor Dr. Planck zu Kiel, mit denen er sein Gutachten über die bei dem Juristentage eingebrachten Anträge des Dr. Waldeck in Betreff einer einheitlichen Deutschen Civil-Proceß-Gesetzgebung einleitet [1]), klingen dabei gleich einer Mahnung:

> „Ueber die Zweckmäßigkeit der im Verfahren anzuwendenden Formen läßt sich nicht streiten, ehe man sich nicht über die Organe verständigt hat, die jene Formen anzuwenden berufen sind."

Preußen hat den Beruf, in Deutschland voranzugehen. Ordnung der eigenen Angelegenheiten ist dabei die nächste Pflicht. Richten wir daher die Aufmerksamkeit auf unsere, so häufig und mit Recht angegriffene Gerichts-Verfassung.

---

[1]) Verhandlungen des zweiten Deutschen Juristentages Bd. I. S. 67.

Die Literatur ist überreich an Reform-Vorschlägen. Die schätzenswerthesten, wissenschaftlichen Abhandlungen, die eingehendsten Erörterungen über einzelne Mängel und Bedürfnisse, über Werth und Unwerth einzelner Theorien und Principien liegen vor uns, aber nirgend — ein System.

Nur solchen Bau, der in allen seinen Theilen einen und denselben, fest leitenden Gedanken erkennen läßt, darf man einen systematischen nennen.

Die Meisten der entworfenen Pläne gehen mit treuem Fleiße ein auf die jetzige Lage der Rechtspflege in Preußen, konstatiren ihre einzelnen Schwächen und Vorzüge und bezeichnen, was davon zu erhalten oder zu beseitigen sei.

Gewiß ist dies Streben wohlmeinend, aber es liefert kein System, kein harmonisches Ganze. Es ist auch unfruchtbar; denn das Einzelne — an sich vortrefflich — paßt nach seiner Ausführung nicht zu dem Ganzen und verliert dadurch seinen Gebrauchs-Werth.

Versuchen wir den entgegengesetzten Weg. Entwerfen wir nach einem leitenden Gedanken den Plan in seinen wesentlichsten Grundzügen und legen wir durch seine Vergleichung mit den einzelnen Forderungen der Wissenschaft und Praxis den Prüfstein an. Können sie in dem Entwurfe keine Befriedigung finden, so ist über den Plan selbst das Urtheil gesprochen: Er ist unrichtig.

Nach jenem leitenden Principe brauchen wir aber nicht zu suchen. Es giebt nur einen berechtigten Führer. Er ist derselbe für alle Deutschen Länder und Gauen; derselbe, welcher die Deutschen mit sicherer Hand zur Gewinnung des Rechtsstaates führt. Das mit ihm erbaute System wird uns deshalb ebenfalls bekannt sein.

Justiz- und Staats-Verfassung verhalten sich wie ein Theil zum Ganzen. Der konstitutionelle, der Rechts-Staat ist ein bestimmt definirter Begriff. Er wäre ohne Werth und für uns unwahr, träfen seine Forderungen und Konsequenzen nicht mit den Bedürfnissen des Landes zusammen. — Wir müßten den Konstitutionalismus selbst aufgeben, müßten wir für die einzelnen Staats-Einrichtungen mit der Geschichte und deren natürlicher Entwickelung brechen.

Lege man auch diesen Maßstab an unser System; — aber man verwechsele nicht mit einer geschichtlichen Entwickelung die vielleicht übereilte Schöpfung des Augenblicks; — man halte nicht für einen Bruch mit der Geschichte die Rückkehr auf den durch dieselbe bezeichneten Weg von einer Abirrung.

Die Verordnung vom 2. Januar 1849 über die Aufhebung der Privatgerichtsbarkeit und des eximirten Gerichtsstandes, sowie über die anderweitige Organisation der Gerichte erschien gleichsam über Nacht, in einer Zeit der größten Verwirrung und Befangenheit auf allen Seiten, als Eins der ersten Werke des von einem großen Theile des Volkes mit Mißtrauen aufgenommenen Ministeriums Graf Brandenburg. — Gerade dieses Werk sollte Vertrauen schaffen; das Volk sollte sehen, daß die Staats-Regierung, frei von Reaktionsgelüsten, mit den verheißenen Reformen Ernst mache. Treu dem Charakter des Ehrenmannes, dessen Namen das Ministerium trug, stürzte daher die Verordnung die Privatgerichtsbarkeit und den eximirten Gerichtsstand, als die wesentlichsten Stützen des Feudalismus in solcher Weise, die eine Wiederaufrichtung unmöglich machte.

Das geflissentliche Sichtbar-Machen aber des verfolgten

Zweckes, das ängstliche Vermeiden von Einrichtungen, welche einem Vorbehalte ähnlich sahen, machte befangen, führte zu Aeußerlichkeiten und innerer Unwahrheit.

Unsere Ausführung wird das erläutern, was wir hier nur andeuten dürfen: Man unterließ eine Trennung der Justiz von der Verwaltung aus Besorgniß vor der Auslegung, die Regierungsgewalt habe sich ein Uebergewicht über die richterliche behalten. Weil man eine Trennung der Gewalten nicht durchführte, weil somit die Richter zugleich Verwaltungsbeamte bleiben mußten, konnte die Unabhängigkeit des Richterstandes nicht zu einer wahren werden.

Vielleicht bedarf die Uebernahme einer so schweren Aufgabe durch den einfachen Praktiker noch der Rechtfertigung.

Der Mangel tief gelehrter Bildung hat den Verfasser während der Arbeit oft fast entmuthigt. Den Arbeiten der Gelehrten fehlt aber häufig eine freie, frische und klare Lebens-Anschauung. Findet man davon in dem vorliegenden, bescheidenen Werke, so ist ein redliches, patriotisches Streben nicht verschwendet!

Stralsund, im Januar 1862.

Inhalts-Uebersicht.

Seite

Berichtigung.

S. 12, Z. 3 v. u. lies: Genau dieselben Grundsätze statt: Auf denselben Grundsätzen.

I.

Die richterliche Gewalt und ihre Forderungen.

Kurz vor dem Erscheinen der Verordnung vom 2. Januar 1849, betreffend die anderweitige Organisation der Gerichte mit Einführung einer Staatsanwaltschaft in Preußen, schrieb ein Rhein-Preußischer Jurist [1]): „Nach einem dreißigjährigen Kampfe feiern die Rheinischen Institutionen den glänzendsten Sieg. Anstatt aus den Rheinlanden ausgewiesen zu werden, erwartet, wünscht man sie in fast allen Deutschen Ländern."

Es war dies keine vereinzelte Stimme. Gleichzeitig sprach Dr. Lewita in Mainz in seinem Aufsatze [2]): „Das Wesen der Anwaltschaft im Französischen Civil-Processe" seine Begeisterung für die Grundprincipien dieser Gesetzgebung aus. Köstlin [3]) nannte sie in seinem damals erschienenen „Geschworenen-Gericht" eine mustergültige und ihre Reception in Deutschland selbstverständlich.

War doch allgemein bekannt, wie Volk und Juristen aller Stellungen am Rhein mit besonderer Vorliebe ihren Justiz-Einrichtungen

[1]) Gerichtssaal 1849, Thl. I. S. 158.

[2]) Ebendaselbst S. 207.

[3]) Köstlin, Geschworenengericht, Tübingen 1849, S. 137.

anhingen. Noch am 21. Juli 1847 hatte der damalige Rheinische Abgeordnete von der Heydt in der Sitzung der Stände-Kurie des Vereinigten Landtags Zeugniß dafür abgelegt. Er bezeichnete den Geist jener Gesetzgebung als einen deutschen [1]).

Mängel im Einzelnen wurden nicht verhehlt. Man bemühte sich vielmehr sie an's Licht zu ziehen, um die mehr als funfzigjährigen Erfahrungen Frankreichs und der Rheinlande zugänglich und nutzbar zu machen.

Gegen alle Erwartung geschah die Organisation in Preußen nach einem völlig neuen, bisher nicht erprobten Plane.

Gleichwohl war deren Aufnahme keine ungünstige. Die Verordnung vom 2. Januar 1849 beseitigte mit einem Schlage die verhaßten Institute des eximirten Gerichtsstandes und der Patrimonialgerichtsbarkeit. Sie gewährte Gleichheit vor dem Gesetze und vor dem Richter. — Den Richtern selbst verlieh sie Sicherung gegen unfreiwillige Versetzung und Absetzung. So schien den lauten und dringendsten Forderungen Genüge geleistet.

Für örtlich abgegrenzte Bezirke wurden kleine, kollegialisch formirte Gerichte hergestellt als erste Spruch-Instanz für alle Processe ohne Unterschied und zugleich als Justiz-Verwaltungs-Behörde. Eine Staatsanwaltschaft wurde zwar eingeführt, jedoch lediglich auf den Kriminal-Proceß beschränkt. — So weit man ihre Thätigkeit zugelassen hatte, zeichnete man sie nach französischem Muster.

Jetzt hört man von allen Seiten Angriffe und Klagen gegen die bestehenden Einrichtungen. Ganz besonders aber richten sich diese Vorwürfe gegen die Staatsanwaltschaft.

Allgemein bezeichnet man sie in ihrer gegenwärtigen Gestalt als unhaltbar [2]).

[1]) Nessel, Der Preuß. Strafproceß vom 17. Juli 1846 verglichen mit dem Rheinischen Strafverfahren, Berlin 1848.

[2]) Mittermaier, Gesetzgebung und Rechtsübung S. 340. v. Tippelskirch, Goldammer Archiv Bd. 2. S. 457. Dalcke, ebendaselbst Bd. 7. S. 734. Sundelin, Staatsanwaltschaft S. 57.

Die verschiedenen Besserungs-Versuche täuschen sich aber fast durchweg über den Sitz des Uebels. Es äußert sich vorzugsweise bei der Staatsanwaltschaft. Sein wahrer Grund liegt aber in dem Verhältnisse zu den sie umgebenden Behörden und in der gesammten Anlage der Justiz-Verfassung.

Die Staatsanwaltschaft muß darin als etwas Fremdes, Ungehöriges erscheinen. Sie ist die Konsequenz von Ideen [1]), welche für die übrigen Justiz-Einrichtungen keine Anerkennung gefunden haben. Hier steht sie neben der Justiz-Verfassung, dort ist sie ein integrirender Theil des Ganzen.

Die Französische und Rheinische Justiz-Verfassung einschließlich der Staatsanwaltschaft beruht auf der für den Rechtsstaat nothwendigen Trennung der Gewalten.

Die Zumuthung, Institutionen für den Rechtsstaat in Frankreich zu suchen, klingt freilich paradox. Denn kein Staat in Europa kann vielleicht weniger auf den Namen eines Rechtsstaates Anspruch machen.

Frankreich nimmt für die Geschichte des inneren Staatsrechts und deren Entwickelung eine eigenthümliche Stelle ein. In seinem Schooße wurden die Gedanken geweckt, welche seitdem in den meisten Staaten Europa's das Leben und Streben der Völker beherrschen und ihrer Reife in langsamen, aber sicheren Schritten entgegengehen.

Die Anerkennung des Gesetzes als der obersten Macht ist der bewegende Gedanke des Jahrhunderts. Auf dem Boden des Gesetzes soll der Thron befestigt werden. Unter dessen Herrschaft steht die Staatsgesellschaft und deren Regierung.

In Frankreich wurde das Gesetz gestürzt durch dieselbe Bewegung, welche dessen Anerkennung forderte. Statt darauf zu bauen,

---

[1]) v. Stemann, Fortbildung der St.-A.; Goldammer Archiv Bd. 8. S. 41. Plank, Deutsches Strafverfahren S. 3. Frey, Der neueste Franz. Entwurf einer Gerichts-Verfassung, Gerichtssaal 1849, S. 367. Köstlin, Wendepunkte des Strafverfahrens S. 22.

zerstörte man das Fundament. Die verschiedensten Staatsformen, wie sie nach einander errichtet wurden, konnten daher keine Dauer haben. Jetzt ruht Frankreichs Gesetz und Verfassung in dem Willen eines Mannes und ganz Europa ist rathlos bei dem Gedanken an die Möglichkeit seines Falles.

Frankreichs bewunderte Justiz-Verfassung kann daher in ihrer Heimath nicht denjenigen Werth haben, für welchen sie in dem Rechtsstaate in Anspruch genommen wird.

Soll der Staat und seine Verfassung auf dem Gesetze ruhen, so muß es gestützt und vor Allem unabhängig sein vor dem Einflusse der zeitigen Staatsregierung. Nur innerhalb der durch das Gesetz gezogenen Grenzen kann sich die Kraft und Wirksamkeit der Regierung entfalten. Die Grenzen müssen daher gesicherte sein. Sonst liegt in dem Mißtrauen, in der stets rege werdenden Furcht der Staats-Angehörigen vor einem Mißbrauche der Kraft auf Kosten des Rechts eine Schwächung der Regierung.

Träger des Gesetzes ist der Richter. Ihm ausschließlich verleiht die Verfassung das Recht und die Pflicht, endgültig zu erkennen und auszusprechen, was in dem einzelnen Falle gesetzlich ist. — Die richterliche Gewalt muß also in dem Richter und in den Gerichtshöfen als eine selbstständige und unabhängige, keinen anderen Einflüssen außer dem Gesetze unterworfene anerkannt und gesichert sein.

Für die Ausübung der richterlichen Gewalt — das Rechtfinden und Rechtsprechen — ist der Richter allein seinem Gewissen verantwortlich. Er unterscheidet sich darin auf das Wesentlichste von allen übrigen Beamten und Behörden des Staates. Alle außer dem Richter sind für ihre Amtshandlungen an Anweisungen und Befehle ihrer Vorgesetzten gebunden und durch dieselben der Landes-Vertretung verantwortlich.

Andere Amtsgeschäfte außer den rein richterlichen dürfen daher dem Richter nicht auferlegt, sie müssen den verantwortlichen Beamten übertragen werden. Sonst macht man den mit nicht-richterlichen, also Regierungsgeschäften betrauten Richter **entweder** zu einem verantwortlichen Organe der Staats-Regierung **oder** die Letztere in ihren Organen unverantwortlich [1]). —

Die Nothwendigkeit, beide Alternativen zu vermeiden, ist der Entstehungsgrund für die Staatsanwaltschaft.

Sie ist eine **Justizbehörde, geschaffen zur Führung der für die Rechtspflege nothwendigen, dem richterlichen Berufe fremden Geschäfte neben den Gerichten.**

Nur mit Hülfe der Staatsanwaltschaft läßt sich also die richterliche Unverantwortlichkeit gegen die Staats-Regierung, wie gegen die Landes-Vertretung erreichen. Und diese politische Unverantwortlichkeit ist das erste Kriterium wahrer Unabhängigkeit des Richterstandes, wie sie auch in der Preußischen Verfassungs-Urkunde verheißen ist. Es lautet der Art. 86 a. a. O.:

„**Die richterliche Gewalt wird im Namen des Kö-**
„**nigs durch unabhängige, keiner andern Autorität**
„**als der des Gesetzes unterworfene Gerichte aus-**
„**geübt.**"

Die Staatsanwaltschaft ist also ein wesentlicher Faktor für die Justiz-Verfassung des Rechtsstaates. — Um so wichtiger ist ihre

[1]) Daniel Webster sagt in einer am 7. Mai 1834 im Senate der Vereinigten Staaten gehaltenen Rede:

„Jede freie Regierung ist nothwendig verwickelt; denn alle solche Regierungen errichten Schranken sowohl gegen die Regierungsgewalt, als gegen jene der Einzelnen. Wenn wir die Unterscheidung der Regierungszweige abschaffen und Alles dem Richter überlassen wollen; wenn wir dann verordnen, daß der Gesetzgeber selbst dieser Richter sein soll; und wenn wir die Vollzugsgewalt in dieselben Hände legen wollen: dann können wir rasch die Regierung vereinfachen. Wir können sie leicht in die möglichst einfache Gestalt der reinen Willkührherrschaft bringen. Aber eine Trennung der Geschäftszweige soweit als thunlich, und die Erhaltung scharfer Grenzlinien zwischen denselben ist der Grundgedanke aller unserer Verfassungen; und ohne Zweifel hängt die Fortdauer geordneter Freiheit von der Bewahrung dieser Grenzen ab."

(Dr. Lieber, Ueber bürgerliche Freiheit und Selbstverwaltung, aus dem Englischen übersetzt von Mittermaier, S. 129.)

richtige Stellung und Begrenzung, und um so erklärlicher der gerade in Beziehung auf dieses Institut von v. Stemann [1]) erhobene, von Mittermaier [2]) adoptirte Vorwurf: „Man habe in Frankreich versucht, die an sich trefflichen Institutionen im Geiste des Absolutismus und zum Nachtheile der bürgerlichen Freiheit zu verfälschen."

Wir finden dieses Streben abgespiegelt in der Mißdeutung und Ausnutzung des der Staatsanwaltschaft beigelegten prunkenden Namens eines „Auges" oder „Wächters des Gesetzes". Soll mit diesem Namen die Staatsanwaltschaft in höherem Grade als ein Hort oder Halt des Gesetzes bezeichnet werden, als das Gericht, so pflichten wir dem zurückweisenden Ausspruche Dr. Gneist's [3]) vollkommen bei: „Die unabhängigen Gerichtshöfe sind die wahren und berufenen Wächter des Gesetzes, viel geeigneter zu diesem Amte, als der Staatsanwalt, ein Organ des zeitigen Ministeriums auf Kündigung."

Jene Bezeichnung hat an sich einen unverfänglichen, berechtigten Sinn. Man muß aber den Richter das verkörperte Gesetz selbst nennen, das der Staatsanwalt als dessen Wächter anzurufen hat.

Die Unabhängigkeit des Richterstandes ist also an erster Stelle wieder nothwendig gegenüber der Staatsanwaltschaft. — Ein kräftiges Organ der Staats-Regierung können die Gerichte neben sich nicht dulden, wenn sie nicht gegen jeden, durch die Staatsbehörde möglichen, ungehörigen Einfluß geschützt sind.

Die Unabhängigkeit des Richterstandes verlangt aber ferner dessen Unverantwortlichkeit gegen das Publikum. Sie hat dieselben Voraussetzungen, wie die Unverantwortlichkeit gegen Vorgesetzte. Auch dem Publikum gegenüber ist die Befreiung des Rich-

[1]) Die organische Natur des Französ. Strafprocesses, Krim.-Archiv 1852, S. 75.

[2]) Gesetzgebung und Rechtsübung S. 155, vergl. auch Köstlin, Geschworenengericht S. 145 und v. Savigny, Principien für eine Strafproceß-Ordnung, in Goldammer Archiv Bd. 7, S. 587.

[3]) Das heutige Englische Verfassungs- und Verwaltungs-Recht Th. I. S. 498.

ters von jeder Thätigkeit außer der richterlichen unbedingt nothwendig.

Der Preußische Richter hat solche Beschäftigungen, welche ihn in fortwährender Verantwortlichkeit von der Staats-Regierung und dem Publikum halten, in großer Menge.

Sehen wir ab von der Exekution im Civil-Processe, der Strafvollstreckung und Gefängniß-Verwaltung, der gesammten Korrespondenz mit anderen Behörden und der Führung der statistischen Uebersichten, so übt er die sogenannte freiwillige Gerichtsbarkeit, die Verwaltung der Hypotheken, sowie der Vormundschafts-, Kuratel- und Nachlaß-Sachen.

Die richterliche Unabhängigkeit ist gerade wesentlich zur Gewinnung und Begründung des Vertrauens im Volke. Muß der Richter urtheilen über die rechtliche Gültigkeit einer von ihm selbst erfolgten Eintragung oder Löschung im Hypothekenbuche; — soll er entscheiden über Processe für oder gegen den von ihm selbst bevormundeten Minorennen; soll sein Urtel den Streit beendigen über Bedeutung und Auslegung von Testamenten, Kodicillen oder anderen Instrumenten, deren zweideutige Fassung ihm selbst zur Last fällt: so wird das Vertrauen zu dem Richter unter eine gefährliche Probe gestellt. — Vermag sich der Richter auch selbst über alle solche Einflüsse zu erheben: — das Publikum muß ihn für partheiisch halten.

Die Organisation des Jahres 1849 schien diesen Mißstand anzuerkennen. Sie verwies alle diese nicht richterlichen Geschäfte an besondere — die zweiten — Abtheilungen der Gerichte. — Die Herstellung von Kreisgerichten mit nur fünf Mitgliedern und von ständigen und fliegenden Gerichts-Deputationen — so unerläßlich sie nach dem einmal befolgten Plane war — verzichtete aber auf eine Durchführung selbst dieser Trennung der Verwaltung von dem richterlichen Geschäftskreise für einen großen Theil des Landes [1]). —

---

[1]) § 19 Verordnung v. 2. Jan. 1849; Art. VII zu 2 Gesetzes v. 26. April

Die inneren und äußeren Verhältnisse Englands, wie seine Staats- und Gerichts-Verfassung sind mit keinem Lande des Kontinents in irgend einen Vergleich zu bringen. Die Versuche, Englische Institutionen nachzuahmen, sind deshalb mit Recht überall aufgegeben. Für die Lehre über Theilung der Gewalten gelten aber die in England herrschenden Grundsätze als Autorität. Auch England hat die Unverantwortlichkeit des Richterstandes gegen die Staats-Regierung und gegen das Publikum durchgeführt. Der Englische Richter ist daher von jeder Thätigkeit außer dem Rechtfinden und Rechtsprechen befreit. Eine Regreßklage gegen ihn wegen Versehen in seiner amtlichen Thätigkeit ist ausdrücklich für unzulässig erklärt. Nach Schilderung dieser freien, unabhängigen Stellung des Englischen Richters sagt daher Dr. Gneist in seinem, schon oben citirten berühmten Werke [1]):

> „Die Aufrechthaltung der Verfassung, in's Besondre die feste Begrenzung des Verwaltungs-Rechts ist die **starke** Seite der **Englischen** und die **schwache** Seite der **Preußischen** Gerichts-Verfassung."

In Preußen besteht die Unabhängigkeit des Richterstandes abgesehen von der Kollegialität des Urtelfindens nur in dem Schutz gegen unfreiwillige Versetzung oder Entsetzung. Einen Maßstab für den geringen Werth dieses Privilegiums möchte die Freigebigkeit sein, mit der es verliehen ist. Nahe an dreitausend Unterrichter besitzen dasselbe Privilegium und für Beschäftigungen, bei denen sich ein Interesse der Staats-Regierung zu irgend einem Einflusse gegen das Gesetz kaum denken läßt. Ihnen hat daher der gewährte Schutz gegen die Regierung nur sehr untergeordnete Bedeutung. Ja, es ist kaum ein Schutz zu nennen. Die Beibehaltung derselben Rich-

---

1851 (G.-S. S. 181); § 7 Geschäfts-Regulativ v. 18. Juli 1850 (Justiz-Min.-Bl. S. 234): Bei Kollegien mit nur 5 Mitgliedern führt der Direktor in beiden Abtheilungen den Vorsitz.

[1]) a. a. O. S. 499.

terstelle ist dem Inhaber nur in den seltensten Fällen erwünscht. Die überwiegend größte Mehrzahl harrt sehnsüchtig auf eine Versetzung. — In der Furcht, nicht versetzt zu werden, hat somit eine Regierung, welche den Richter zwingen will, ausreichende Zwangsmittel. Sie sind sogar wirksamer als selbst die unfreiwillige Versetzung oder Entsetzung; denn sie sind leichter zu verdecken und dem Schutze der Oeffentlichkeit zu entziehen.

Preußen hat Gottlob noch keine schlimmen Erfahrungen gemacht. War doch in dem absolut regierten Preußen die Unabhängigkeit Preußischer Richter fast sprüchwörtlich geworden. Preußens Könige haben auch niemals dauernd das Gesetz als Basis ihres Thrones verleugnet. Ihr Wille schützte das Gesetz. Der konstitutionelle Staat sucht aber Garantien — stärker, als sie das Wort eines Menschen und selbst eines Königs gewähren kann. Die Stellung und Macht der einzelnen Gewalten ist verändert; neue Interessen sind erwacht in der wechselnden Geltung der Partheien; — und gleichviel, in welcher Form die Monarchie auftritt: der Organismus des heutigen Staates ist zu verwickelt, um sich nicht in seinen einzelnen Zweigen dem Willen des Regenten entziehen zu können. Selbst Napoleon I. mußte gegenüber einer weit verzweigten Verwaltung seine Ohnmacht anerkennen. Der gewaltige Mann erklärte in der Staatsraths-Sitzung vom 23. Januar 1808 [1]) sich selbst für außer Stande, seine Unterthanen gegen Uebergriffe der einzelnen Machthaber, die eigenen Beamten zu wahren und deshalb die Existenz

---

[1]) Sein denkwürdiger Ausspruch lautet:

„L'empereur est obligé de surveiller et reprimer directement les abus d'autorité et les prévarications, de defendre lui-même les citoyens contre l'administration et contre tout ce qui a quelque puissance dans l'empire."

„Maintenant chaque fonctionnaire fait ce qu'il veut et il ne faut pas moins que mon charactère et le vif désir que j'ai de rendre mes sujets heureux pour empêcher le désordre."

S. Glaser im Kriminal-Archiv 1852, S. 285.

großer, unabhängiger Gerichts-Kollegien als ein Gegengewicht gegen die Uebermacht der Verwaltung für geboten.

Möge in Preußen die Unabhängigkeit des Richterstandes verfassungsmäßig gesichert werden, bevor man sie vermißt.

Außer der Unverantwortlichkeit des Richterstandes gegen die Staats-Regierung und das Publikum gehört dazu ferner eine dem hohen und wichtigen Berufe des Richters würdige äußere Lage.

Der einzige Weg, sie zu ermöglichen, liegt wieder in der Abtrennung aller nicht richterlichen Geschäfte von der Berufsthätigkeit der Richter. Nur dadurch kann die Zahl der Personen, welche auf die Vorzüge des Richters Anspruch machen können, vermindert und die richterliche Stellung selbst zu einer bevorzugten gemacht werden.

Die Unabhängigkeit des Richterstandes verlangt aber endlich eine hohe, wissenschaftliche Befähigung und Uebung des Richters.

Auch für diesen Anspruch an den Richter ist seine Befreiung von allen nicht-richterlichen und von einer wissenschaftlichen Thätigkeit abziehenden Geschäften dringendes Erforderniß.

Die gegenwärtige Organisation unserer Gerichte ist auch in dieser Richtung ungünstig. Die eigene ruhmvolle Geschichte der Preußischen Justiz liefert dafür den kräftigsten Beweis.

Die ehemaligen Oberlandesgerichte, einst die Gerichte der Eximirten, erfreuten sich eines Ansehens, wie es fast ohne Vergleich ist. Niemand wird dies bestreiten wollen. Die einst gegen den eximirten Gerichtsstand erhobenen Angriffe richteten sich auch niemals gegen die Gerichtshöfe. Man beklagte nur, daß nicht Allen für gleich wichtige Sachen gleich vorzügliche Gerichte gewährt würden. Diesen Ruf verdankten sie wesentlich der Art ihrer amtlichen Thätigkeit. Befreit von der Ueberlast kleinlicher Geschäfte bildeten sie den Sammelplatz für die erheblichsten Rechtsstreite eines großen Bezirks, die wahre Schule des Juristen.

Die große Masse der Rechtssachen und damit das Alltägliche und Gewöhnliche zogen die einstigen Lokalgerichte — die Patrimonial- und kleinen Land- und Stadtgerichte an sich.

Wir haben jetzt Gleichheit vor dem Gesetze, aber — wir dürfen dies aussprechen, ohne dem tüchtigen Geiste der Preußischen Juristen zu nahe zu treten — die hohe Stufe, welche die einstigen Gerichtshöfe der Eximirten einnahmen, ist herabgedrückt.

Wir haben eine Gleichheit der Person vor dem Gesetze, leider aber auch eine gleiche Behandlung des Ungleichen.

Die jetzigen Gerichtshöfe erster Instanz haben zwar eine mehr, als lokale Bestimmung: Ihnen gehört die Entscheidung der äußerlich und innerlich erheblichsten Rechtsstreite. Ihre ganze Formation und Beschäftigung drängt sie aber hin zu der Natur lokaler Gerichte, ohne die Vortheile zu stiften, welche die einstigen Lokalgerichte zu schaffen im Stande waren.

Das Gesetz hat eine Qualifikation für die Preußischen Richter festgestellt. Selbst zu den geringsten Richterstellen gehört die Ablegung der höchsten Staats-Prüfung. Hiermit erachtet man die gleichmäßige Verweisung aller Sachen vor denselben Richter für gerechtfertigt. Man lobt sogar als einen Vorzug, daß jetzt in gleicher Form, mit gleicher Befähigung der angestellten Richter, mit gleicher Mühe das Unbedeutendste wie das Wichtigste behandelt werde.

Dies klingt aber nur wie ein Vorzug. Die sogenannten interessanten, d. h. die schwierigen und verwickelten Rechtsfälle sind bekanntlich nur selten. Vertheilen sie sich auf die große Zahl von Kreisgerichten und Kreisgerichts-Deputationen, so wird der Antheil für das einzelne Kollegium sehr gering. — Die meisten der vorkommenden Fälle setzen zu ihrer Entscheidung nicht viel mehr voraus, als Elementar-Kenntnisse der Jurisprudenz.

Abgezogen durch die Menge der Justiz-Verwaltungs-Geschäfte,

unausgesetzt bis zur Ueberlastung in Anspruch genommen durch das Alltägliche findet der Richter also selten Anregung zu wissenschaftlichem, juristischem Studium. — Der Aufwand an Förmlichkeiten, mit dem er selbst das Unbedeutendste behandeln muß, erschöpft Zeit und Kräfte, ohne eine rechte Geistesthätigkeit zu erfordern.

Die Farben dieser Darstellung mögen grell scheinen; sie sind aber nicht untreu.

Die Grundzüge der Altpreußischen Gerichts-Verfassung waren gleiche, wie wir sie jetzt erstreben: Lokale, seinen Bezirks-Eingesessenen leicht zugängliche Gerichte zur Entscheidung der Streitsachen des täglichen Lebens [1]); — große, äußerlich und innerlich unabhängige Richter-Kollegien für diejenige Thätigkeit, welche der Unabhängigkeit des Richterstandes in politischer, socialer und wissenschaftlicher Beziehung bedarf.

Die Altpreußische Justiz-Verfassung war freilich längst unzeitgemäß geworden. Der eximirte Gerichtsstand im Gegensatz zu der Patrimonialgerichtsbarkeit erfüllte nicht mehr den Zweck, die bedeutenden Sachen an sich zu ziehen. Aus dem Stande der Person ließ sich längst nicht mehr auf deren Vermögen und Geschäftsverkehr schließen.

„Fortschritte" — sagt Dr. Gneist sehr treffend [2]) — „kann man nur solche Reformen nennen, welche das fehlende Element nachholen, ohne das vorhandene Tüchtige aufzugeben."

Die Organisation des Jahres 1849 hatte also die Aufgabe, unter Fortschaffung des Unzeitgemäßen den bewährten Grundsätzen neues Leben zu geben.

Auf denselben Grundsätzen, die wir in der Altpreußischen Gerichts-Verfassung nachwiesen, deren Befolgung wir in dem Rechtsstaate Preußen gesichert wünschen, finden wir aber in dem Rheini-

[1]) In Beziehung auf die Stellung der Lokalgerichte zur Justiz-Verwaltung zu vergleichen Abschnitt VI.

[2]) a. a. O. S. 499.

schen System — in dem Institute der Friedensrichter und in den kollegialisch formirten Landgerichten.

Die Staatsanwaltschaft ist hinzugetreten zur Leitung aller bei den Landgerichten vorkommenden, nicht-richterlichen Geschäfte, zur Herstellung einer Einheit in der Justiz-Verwaltung und zur Anrufung des Richters in allen Fällen, da die Staatsgesellschaft des Eintretens der richterlichen Gewalt bedarf, als Organ der Staatsgesellschaft und deren Regierung.

Vergleichen wir jetzt diejenigen Forderungen an die Gerichts-Verfassung, welche Professor Dr. Plank zu Kiel in seinem zu den Dr. Waldeck'schen Anträgen, auf Ersuchen der ständigen Deputation des Deutschen Juristentages abgegebenen Gutachten als unabweisliche für Durchführung einheitlichen Proceß-Verfahrens in Deutschland hinstellt:

„Die Gerichte erster Instanz, die eigentlichen Gerichte müssen „so organisirt sein, daß die Annahme gerechtfertigt ist, ihre Sprüche „seien der nach Lage der Sache und dem dermaligen Stande der „Wissenschaft erreichbare Ausdruck des Rechts. Dazu sind erforderlich: Große Richter-Kollegien, residirend in Städten eines regen „geistigen Verkehrs, deren einzelne Mitglieder, befreit von allen lästigen, zerstreuenden und ermüdenden Geschäften der Verwaltung, auch „der Justiz-Verwaltung, sicher gestellt durch ein bedeutendes Einkommen, der Rechtspflege ihre ganze Aufmerksamkeit zuzuwenden, „und sowohl einzeln, als durch den gegenseitigen Verkehr sich selbst „wissenschaftlich weiter zu entwickeln und durch ihr in praktischer „Erfahrung und Anwendung geläutertes und geschärftes Urtheil der „Fortentwickelung der Wissenschaft, wie Gesetzgebung zu dienen, in „den Stand gesetzt sind."

„Die minder wichtigen Sachen, in denen eine rasche und möglichst „wenig kostspielige Beilegung des Streites erforderlich ist, mögen einem „formloseren Verfahren vor dem Friedensrichter übergeben werden"[1]).

[1]) Verhandlungen des II. Deutschen Juristentages Bd. I. S. 67.

Ueberblicken wir endlich die Verfassungen auch anderer Länder, welche irgend mit Deutschland auf gleicher Zeit-Höhe stehen. Der in Preußen eingeschlagene Weg bleibt ohne Beispiel. Ueberall erkennt man an, daß schwierige und verwickelte Processe im Gebiete des bürgerlichen und Straf-Rechts eine andere Behandlung und Entscheidung verlangen, als die Rechts-Angelegenheiten des großen Publikums, die Streitsachen des täglichen Lebens.

Daß wir Englands oder Schottlands Justiz-Einrichtungen für das Einzelne hier nicht zum Vorbilde nehmen, bedarf kaum einer Rechtfertigung. Die Verhältnisse im Innern und Aeußern, die Entfaltung des Volkslebens, die Stellung aller Organe des Staatslebens: — die gesammte Verfassung des Staates hat eine der unsrigen völlig fremde Geschichte. Frankreichs Justiz-Verfassung hat sich auf deutschem Boden bewährt. Wir dürfen uns dafür noch auf ein gewichtiges Zeugniß berufen, wie es in der von der Pariser Akademie der Wissenschaften gekrönten Preisschrift von Raymond Bordeaux [1]) über die Nothwendigkeit einer Reform des bürgerlichen Verfahrens niedergelegt ist. Die darin hervorgehobenen Mängel der Justiz-Verfassung sind in den Rheinlanden längst unterdrückt oder niemals sichtbar geworden.

Erinnern wir nur an den Mißbrauch einer Käuflichkeit von Stellen der avoués, notaires, huissiers und an die für Frankreich beklagte mangelhafte Befähigung und Zuverlässigkeit der Friedensrichter.

---

[1]) Philosophie de la Procedure civile mémoral sur la reformation de la justice, Paris 1857. — Mittermaier, Archiv für civilistische Praxis Bd. 40, S. 429.

II.

Der wahre Grund der Staatsanwaltschaft.

(Kritik von Reform-Vorschlägen: Aufgehen der Staatsanwaltschaft in den Gerichten.)

Die Staatsanwaltschaft und den Grund ihres Daseins erklärten wir aus den Gegensätzen der verantwortlichen Staats-Regierung gegen die Unverantwortlichkeit der richterlichen Gewalt. Die Staats-Regierung ist zu der Sorge verpflichtet, daß die freie Uebung der richterlichen Gewalt ermöglicht sei. Dafür ist sie zunächst verantwortlich. Um diese Verantwortlichkeit übernehmen zu können, bedarf sie der ihr verantwortlichen Organe. Ohne solche Organe müßten die der verantwortlichen Regierungsgewalt obliegenden Amtshandlungen auf den Richter selbst übertragen werden. Damit wäre aber entweder die Unverantwortlichkeit der richterlichen, oder die Verantwortlichkeit der Regierungs-Gewalt in Frage gestellt. Die Staatsanwaltschaft ist somit — das war unsere Folgerung — ein unentbehrliches, wesentliches Glied in dem Organismus der Rechtspflege.

Weil aber die Staatsanwaltschaft von so erheblicher Bedeutung und Wichtigkeit ist, muß ihre unrichtige Stellung den Schwerpunkt des gesammten Apparats verrücken.

Die Preußische Justiz-Organisation hat diese Gefahr zu umgehen versucht. Statt einer organischen Verbindung des Instituts mit dem ganzen Gebäude der Justiz-Verfassung ist es in einem Anbau untergebracht. Ihrem wahren Grunde verweigerte man die Anerkennung, ohne ihre völlige Entbehrlichkeit behaupten zu können. Man bedurfte ihrer für den am nächsten liegenden Zweck, die Einführung eines neuen Verfahrens im Kriminal-Processe.

Ihre völlige Unhaltbarkeit in dieser Isolirung ist der kräftigste Beweis für die Richtigkeit desjenigen leitenden Gedanken, den wir als den allein berechtigten Führer für die Justiz-Verfassung des Rechtsstaates bezeichnet haben. Die praktische Nothwendigkeit, das Bewußtsein der jetzt theuren und falschen Finanz-Wirthschaft drängt zu demselben Resultate.

Die Nicht-Benutzung oder nicht gehörige Nutzung einer vorhandenen Kraft ist stets das Zeichen irrationeller Wirthschaft, ganz besonders aber dann, wenn ihre Herstellung und Erhaltung mit so bedeutenden Kosten verknüpft ist. Die Staatsanwaltschaft leistet aber in der That zu wenig im Verhältniß zu dem durch sie erforderten Aufwande. Der steigende Mißmuth ihrer eigenen Vertreter, die immer von Neuem auftauchenden, verschiedenen Reform-Vorschläge und namentlich deren Beschaffenheit geben dafür sprechende Zeichen.

Diejenigen Abänderungs-Versuche, welche sich lediglich auf das Verfahren in Untersuchungs-Sachen beziehen, scheiden für unsere Erörterung aus. Dagegen möge die Vorführung wenigstens einiger, für eine anderweitige Verfassung der Staatsanwaltschaft erhobener Vorschläge gestattet sein. Sie wird uns Gelegenheit geben, nicht allein den Vorwurf der Unhaltbarkeit des Instituts in seiner gegenwärtigen Gestalt, sondern auch die Hinfälligkeit derjenigen Einwendungen zu erweisen, welche gegen eine Anerkennung seines wahren Grundes und der danach für dasselbe beanspruchten Stellung geltend gemacht zu werden pflegen.

Nach einem neuerdings mehrfach angeregten Plane soll die Staatsanwaltschaft ihre Existenz als selbstständige Behörde aufgeben. Ihre Beamte treten in die Gerichts-Kollegien zurück. Gleich dem

Untersuchungs-Richter oder dem Kommissarius für Bagatell-Sachen wird ein Mitglied nur für eine gewisse Zeit — auf ein, zwei, höchstens drei Jahre — zur Uebernahme der Staatsanwaltschaft deputirt [1]).

Dieser Vorschlag hat an vielen Stellen eine willige, ja selbst freudige Aufnahme gefunden. Bei seiner Durchführung könnte der Staatsanwalt persönlich gegen seine jetzige Lage nur gewinnen. Er entgeht damit für seine Person wenigstens der Isolirung. Seine jetzt ausschließliche Beschäftigung mit Kriminal-Sachen entfremdet ihn den Theorien und der Uebung im Civil-Recht und Civil-Proceß und einer Kenntniß von den Fortschritten der Gesetzgebung und ihren Wirkungen auf die Praxis [2]). —

Die große Masse der ihm zufallenden Thätigkeit und das moderne Strafrecht selbst bringt ihm wenig Anregung zu einer wissenschaftlichen Behandlung. So muß er fürchten, durch ein längeres Verweilen in seinem Berufe wissenschaftlich eher zurück, als vorwärts zu kommen.

Seine Thätigkeit in Kriminal-Sachen ist nicht einmal eine abgerundete. Ihm fehlt namentlich jede direkte Einwirkung auf die für seine Zwecke arbeitende (gerichtliche) Polizei. — Die geringste Polizeibehörde vermag ihn auszuschließen. In deren Hand ruht die Entschließung, ob und wann sie den Staatsanwalt mit Verfolgung strafbarer Handlungen befassen will. Den Gerichten gegenüber soll der Staatsanwalt nach dem Gesetze eine koordinirte Stellung einnehmen. Er hat sogar einzelne Befugnisse, welche ihn thatsächlich den Gerichten überordnen. Für eine umfassende Untersuchung ver-

---

[1]) Die Theilnehmer des Dresdener Juristentages werden bezeugen, daß dieser Vorschlag in den lebhaften und lehrreichen Debatten der kleineren Kreise vielfach diskutirt und vertheidigt ist. Zu einer Verhandlung darüber in den Abtheilungs- und Plenar-Sitzungen bot die Tages-Ordnung keine Gelegenheit.

[2]) v. Groß, Schwurgerichtszeitung 1857, S. 124 sqq. Sundelin, Staatsanwaltschaft S. 64.

mag er deren Thätigkeit in Anspruch zu nehmen, ohne ihnen irgend ein entscheidendes Eingreifen zu gewähren. Er leitet die Untersuchung und benutzt den Untersuchungs-Richter gleich einem abhängigen Organe zur Ausführung seiner Maßregeln. Durch das ihm nach § 6 Verordnung vom 3. Januar 1849 beigelegte, oft mißdeutete „Wächteramt für das Gesetz" ist er noch besonders dem Mißtrauen der Gerichte bezeichnet. So bedeutungslos es in Preußen ist — denn außer einem stets mißlichen Beschwerderecht hat der Staatsanwalt zu dessen Ausübung keinerlei Befugnisse —, so hält es doch die Besorgniß vor Anmaßung eines die richterliche Würde beeinträchtigenden Aufsichts-Rechts wach. — Allein, gegenüber einem festgeschlossenen Kollegium, abgeschlossen in einem engen, an dessen Grenzen ängstlich bewachten Wirkungskreise, mit keinem höheren Range als die einzelnen Mitglieder der Kollegien bekleidet, wird es ihm sogar schwer, seine koordinirte Stellung zu wahren.

Allen diesen Gefahren und Unannehmlichkeiten [1]), die ihn vereinsamen und seinen Beruf zu einem dornenvollen machen, entgeht er bei Ausführung jenes Planes mit einem Schlage. Er giebt eine traurige Schein-Existenz auf und gewinnt ein angenehmes, kollegiales Verhältniß.

Aber die Staatsanwaltschaft selbst geht damit zu Grunde. — In Preußen ist sie geschaffen bei Beseitigung der bis dahin herrschenden Inquisitions-Maxime des Strafprocesses [2]). Zur Sicherung

---

[1]) Den kräftigsten Beweis für ein vorhandenes Mißverhältniß zwischen den Gerichten und der Staatsanwaltschaft möchte die Allgemeine Verfügung des Justiz-Ministers vom 21. April 1853 (Justiz-Min.-Blatt S. 166) betreffend den Geschäftsgang und die Formen des Geschäftsverkehrs bei den Gerichten in ihrer Beziehung zu den Beamten der Staatsanwaltschaft erbringen: der Justiz-Minister mußte den Gerichten gewisse Formen des Geschäftsverkehrs empfehlen, um den Beamten der Staatsanwaltschaft wenigstens äußerlich eine entsprechende Stellung zu sichern.

[2]) Dr. Abegg, Betrachtungen über die Verordnung vom 3. Januar 1849,

der richterlichen Unbefangenheit und der Vertheidigung sollte der Richter von seiner Aufgabe, sich die Anregung und den Stoff für seine richterliche Thätigkeit selbst zu schaffen und zu sammeln, entbunden werden. Man erkannte hier an, daß die Staatsgesellschaft, deren Rechte durch die strafbare Handlung verletzt erscheinen, eines besonderen Organes zur Anrufung der richterlichen Gewalt bedürfe.

Eine Rückkehr des Staatsanwalts in das Richter-Kollegium hieße aber ein Rückschritt zu dem verurtheilten Princip. Die nach den Grundsätzen des neueren Strafverfahrens nothwendige Trennung des richterlichen Berufs von einer ihm fremden Thätigkeit wäre wieder aufgehoben.

Man will zwar den als Staatsanwalt fungirenden Richter nicht an das Votum des Kollegiums binden; er soll für die Zeit seiner Dienstleistung als Staatsanwalt selbstständig bleiben. — Dabei gelangt man aber in jedem Falle zu Inkonsequenzen: Soll der Richter-Staatsanwalt den Anweisungen des Oberstaatsanwalts und Justiz-Ministers unterworfen bleiben, so verstößt dies gegen die richterliche Unabhängigkeit. — Ist er aber von den Verfügungen des Justiz-Ministers unabhängig, so geht damit die parlamentarische Verantwortlichkeit des Justiz-Ministers verloren. Die jetzt schon behauptete Gefahr der Willkühr ist aber verstärkt. Die bei dem Staatsanwalt angefochtenen Befugnisse sind nur auf einen anders benannten Beamten übergegangen. Und gegen dessen Irrthum oder bösen Willen giebt es nicht einmal den Schutz durch eine Beschwerde. Eine andere Meinung bildet eine eigene Richter-Kammer — getrennt von dem Spruch-Kollegium — zur kollegialen Beschlußnahme über die vorzunehmende oder abzulehnende Verfolgung.

Für das Publikum wird aber in beiden Fällen der Richter zum Ankläger. Die öffentliche Meinung muß stets den Richter für be-

Krim.-Archiv 1849, S. 83. v. Savigny, Principien für eine Strafproceß-Ordnung in Goldammer's Archiv Bd. 7, S. 587.

fangen halten. Eine Freisprechung — wird man sagen — setze ihn in die Lage, den Kollegen und dessen Maßregeln preiszugeben. Man schafft also Mißtrauen als den größten Feind für das Ansehen und die Würde des Richterstandes.

Weil man für die Strafverfolgung bei der Staats-Regierung und der richterlichen Gewalt verschiedene Auffassungen für möglich hielt, darum schuf man den Staatsanwalt. Er und der Richter verfolgen an sich gleiche Zwecke. Dasselbe Gesetz leitet Beide. Die Staats-Regierung steht aber unter dem unmittelbaren Einflusse des Lebens. Sie hat das Gesetz zu vollziehen und im Augenblicke des Handelns alle über dessen Grenzen und Bedeutung aufkeimende Zweifel zu erledigen. Ob die Verwaltungs-Behörde gesetzlich gehandelt hat, entscheidet endgültig der Richter. Die Staats-Regierung kann aber beanspruchen, daß bei dieser Entscheidung ihre Auslegung gewürdigt werde. Das Gesetz ist für das Leben gegeben. Der Richter muß also das Leben und seine Bedürfnisse kennen. Er muß wissen, welche Verhältnisse und Gründe für die Anordnungen der Verwaltung maßgebend waren; — sonst ist er zu einer gerechten Beurtheilung außer Stande. Sein Recht wird dann ein starres und der Buchstabe entscheidet statt des im Gesetze lebenden Geistes. — Der Richter selbst hat mit der Vollziehung der Gesetze nichts zu thun. Die bei dessen Ausführung entstehenden Schwierigkeiten, welche dem Verständnisse des Gesetzes vielleicht sehr wesentlich sind, müssen ihm daher in anderer Weise vorgeführt werden. Dazu ist ihm der Staatsanwalt ebenso nothwendig, wie der Staats-Regierung zur Vertretung ihrer Interessen. Durch seine Thätigkeit hat er das Gesetz und das Leben in Wechselwirkung zu erhalten.

Gleichmäßigkeit im Erkennen ist der einzige Ersatz für die hier unerreichbare, absolute Gerechtigkeit. Zu deren Herbeiführung und zur Ausgleichung möglichen Irrthums bei den einzelnen Gerichten ist der Instanzen-Weg gegeben.

Dem Staatsanwalte ist die Prüfung übertragen, ob die in den

einzelnen Fällen ergangenen Urtel den allgemein und namentlich bei dem höchsten Gerichtshofe anerkannten Grundsätzen entsprechen, oder ob von dem gesetzlichen Rechtsmittel Gebrauch zu machen.

Alle diese Pflichten erfordern zu ihrer würdigen und taktvollen Erfüllung gute Auffassungsgabe, ernstes, fortgesetztes Streben und Beobachten, klaren Blick und energischen Willen.

Soll daher die Staatsanwaltschaft wirklich nützen und nicht zu leerer Form herabsinken, so lasse — oder vielmehr: schaffe — man ihr ein eigenes, selbstständiges Dasein.

Eine nur vorübergehend übernommene Beschäftigung wird niemals mit der Liebe, Treue und Hingebung geübt werden, wie der freiwillig gewählte Beruf. Der nur zeitweise als Staatsanwalt fungirende Richter kann sich in kurzer Zeit kaum feste Principien bilden, geschweige denn ein Interesse haben, sie zur Geltung zu bringen. Unsicher, ob sie nicht sogleich von seinem Nachfolger desavouirt werden, würde er sich nutzlos Kämpfen unterziehen. — Die Anregung schwindet aber völlig, wenn er auf Beschluß des Kollegiums zu handeln, also nicht mehr mit seiner Person für seine Ansicht und Aeußerung einzustehen gezwungen ist [1]). —

So verlöre die Sache und die Wissenschaft, denn durch ein Erstreben desselben Ziels von verschiedenen Gesichtspunkten aus findet sie ihr Leben. — Und das Gericht erlitte eine erhebliche Einbuße an seiner politischen Bedeutung. — Das Recht der Staats-Regierung zur Vertretung ihrer Interessen vor den Gerichtshöfen bedingt ein für der Letzteren Machtstellung sehr wichtiges Anerkenntniß. Die

---

[1]) In Baden besteht eine ähnliche Einrichtung. Nach den in der Presse laut gewordenen Stimmen hat sie sich doch nicht bewährt. Namentlich klagt man, daß sie zu Verschleppungen der Untersuchungs-Sachen führe. Das Bewußtsein, daß bald ein anderer Beamter eintritt, kann in der That sehr wohl zu einem Hinausschieben der entscheidenden Handlung leiten. Zu vergleichen Haager in den Jahrbüchern der Deutschen Rechtswissenschaften 1860, Bd. VI. S. 274.

Staats-Regierung unterwirft damit die Richtigkeit ihrer Auslegungen und sonach die Gesetzmäßigkeit ihrer Maßregeln dem Urtelsspruch der Gerichte. Findet ihre Interpretation vor Gericht keine Vertretung, so kann darüber auch nicht erkannt werden. Die richterlichen Entscheidungen verlieren also den Anspruch, eine Norm für die Zukunft zu bilden.

III.

Fortsetzung.

(Kritik von Reform-Vorschlägen: Die Staatsanwaltschaft als besondere Staatsgewalt. — Legalität und Opportunität.)

Der Plan, die Staatsanwaltschaft in den Gerichten aufgehen zu lassen, hat aber keineswegs allein die persönliche Stellung des Staatsanwalts im Auge. Man befürwortet ihn an erster Stelle im Interesse „der Gesetzlichkeit". Die Strafverfolgung solle nicht von ministerieller Willkühr abhängen. Dazu müsse der Staatsanwalt richterlicher Beamte und auf diese Weise den Einflüssen und Anweisungen des Ministers entzogen werden. Solche Anschauung, durch Dr. Abegg [1]) als „Wirkung und Zeichen eines krankhaften Zustandes" treffend charakterisirt, dürfte zwar bereits in dem Vorstehenden ihre Widerlegung gefunden haben. Wir versuchten den Nachweis, daß damit nicht allein derjenige Grund, welcher allein die Preußische Staatsanwaltschaft hervorrief und das neue Strafverfahren sowohl gegen das Anklage-, als auch das Inquisitions-Princip kennzeichnet, negirt, sondern sogar jeder durch das Institut erstrebte Vortheil aufgehoben wird.

---

[1]) Dr. Abegg, Betrachtungen über die V. v. 3. Januar 1849, Krim.-Archiv 1849, S. 88.

Dieselbe Anschauung liegt aber noch einem anderen Reorganisations-Plane zum Grunde. Derselbe will die Staatsanwaltschaft zwar als eine besondere Behörde, getrennt von den Gerichten bestehen lassen, aber von dem Einflusse der Staatsgewalt befreien. Der Justiz-Minister soll nur in Beziehung auf Disciplin und Geschäftsbetrieb die oberste Leitung der Staatsanwaltschaft ausüben, nicht aber für die Entscheidung über vorzunehmende oder abzulehnende Strafverfolgung. Dafür errichtet er in dem General-Staatsanwalt eine außerhalb der Staats-Regierung stehende Spitze.

Für diese, auch an anderen Stellen [1]) vertretene Ansicht möchten wir den Herrn Staatsanwalt Sundelin vorzugsweise verantwortlich machen, um so mehr da sie einem größeren Werke [2]) als leitender Gesichtspunkt dient und der Herr Verfasser sich durch Anregung verschiedener Streitfragen aus dem Gebiete der Staatsanwaltschaft und durch seine Bemühungen für Kenntniß des in den übrigen Deutschen Staaten geltenden Rechts auf eine Dankbarkeit gerechten Anspruch erworben hat.

Sundelin leitet die Verpflichtung des Staatsanwalts zur Anklage aus der Mission des Staates ab, „aus eigenem Rechte und eigener Pflicht zu strafen, wo es seine Zwecke fordern." In drei bestimmten Kathegorien — meint Sundelin — erheischen die Zwecke des Staates keine Verfolgung, nämlich:

1) bei völlig geringfügigen Vergehen,
2) bei solchen Vergehen, die nicht den Staat, sondern die Familie, die häusliche Gesellschaft, die Schule u. s. f. alteriren,

---

[1]) Dr. Waser, Gerichtssaal 1850, S. 26. — Appell.-Rath Johow, „Ueber das Anklagerecht im Strafprocesse", Deutsche Gerichtszeitung vom 7. August 1861 (Nr. 53).

[2]) Die Staatsanwaltschaft in Deutschland von P. Sundelin, Anklam 1860. — Für die folgende Ausführung zu vergleichen S. 35–41, 56—61.

3) bei solchen, die vorzugsweise nur ein persönliches Recht treffen.

Hiernach soll der Staatsanwalt entscheiden, ob er eine Verfolgung unterlassen darf entweder aus eigener Macht, oder weil von der verletzten Privatperson oder Privatgesellschaft ein Strafantrag nicht erhoben ist. Damit hofft er zu gesetzlichen Grenzen zu gelangen, um eine Willkühr des Staatsanwalts und seines Oberen auszuschließen. Welche Kasuistik würde dazu gehören, alle diese Fälle zu sondern! Der Herr Verfasser erklärt aber selbst eine schematische Sonderung für unausführbar, „erkennt vielmehr den Einfluß der besonderen, im konkreten Falle sich noch besonders gestaltenden Gründe Für und Wider als leitenden Gesichtspunkt an" [1]). —

Verzichten wir auf ein Eingehen in diese neue Strafgerechtigkeitstheorie [2]). — Schon die nächsten daraus gezogenen Folgerungen zeigen sich als unhaltbar.

Die Staats-Regierung ist ihrer Natur und Bestimmung nach verpflichtet, unbeschadet der Rechte der Landes-Vertretung die für die Zwecke des Staates nothwendigen Maßregeln zu wählen

---

[1]) a. a. O. S. 41. — Wir haben die eigenen Worte des Herrn Verfassers wiedergegeben. — In welchem Grade aber nach seiner Ansicht das subjektive Ermessen des Staatsanwalts berechtigt wird, möchte besonders der nächste Verlauf seiner Ausführung darthun. Die Gesetzgebung — meint er — müsse gewisse Kathegorien aufstellen zur Bestimmung, ob der Staatsanwalt unbedingt einschreiten müsse, ob er nur auf Antrag von Privaten eine Verfolgung einleiten dürfe und endlich, ob er eine diskretionaire Gewalt besitze. Sodann fährt er (wörtlich) fort:

„Durch die Bestimmung, daß überall nur auf Antrag des Betheiligten eingeschritten wird, wo „„die Verletzung des subjektiven Rechts die Verletzung des Rechts an sich so sehr überwiegt, daß nicht mehr die Allgemeinheit, sondern nur der Verletzte selbst ein wesentliches Interesse haben kann"" oder wo die Verfolgung gegen seinen Willen einen größeren sittlichen Schaden als Gewinn bringen müßte, oder wo endlich sein anzuerkennendes Verfügungsrecht entgegensteht, — wird der nakten Abstraktion Seitens der Staatsverfolgung völlig genügend vorgebeugt und das Selbstrecht des Einzelnen vollständig gewahrt."

[2]) Vergl. darüber Geib, Lehrbuch des Deutschen Strafrechts und die daselbst S. 344 sqq. befindliche Zusammenstellung der verschiedenen Theorien.

und zu ergreifen. Dennoch will Sundelin der Staats-Regierung die Prüfung entziehen, ob die Zwecke des Staates eine Strafverfolgung gebieten!

Sein in Wahrheit leitender Gedanke, der ihm Principien machen hilft, ist Mißtrauen. Er will einen möglichen Mißbrauch des Staatsanwalts zu politischen Zwecken verhindern und deshalb seine Thätigkeit soviel, als thunlich „unlauteren Einflüssen" (sic) entziehen [1]. — Eine vortreffliche Antwort giebt er selbst auf die gegen die Staatsanwaltschaft und deren Existenz gerichteten Angriffe: „Ein vernünftiges Institut zu verwerfen, weil es gemißbraucht werden kann und seine Gestaltung in concreto dem Mißbrauche Vorschub zu leisten scheint, ist unlogisch" [2]. — Dennoch will er der Staats-Regierung unzweifelhaft gebührende Rechte nehmen, „weil sie gemißbraucht werden könnten". — Seien wir aber wenigstens gründlich in dem Mißtrauen:

Der General-Staatsanwalt bleibt disciplinarisch abhängig von dem Justiz-Minister. Dem Letzteren wird daher eine Verständigung mit dem General-Staatsanwalt sehr leicht. Dem Justiz-Minister, der das Gesetz verletzen will — einen solchen setzt Sundelin voraus —, ist also der General-Staatsanwalt ein höchst willkommenes Werkzeug. — Mit einer bloßen Berufung auf ihn befreit sich der Justiz-Minister von jeder parlamentarischen Verantwortlichkeit.

Im konstitutionellen Staate ist — abgesehen von der Krone — eine unverantwortliche Gewalt außer der richterlichen undenkbar. Die wesentlichste Idee des Konstitutionalismus ist die garantirte Gesetzlichkeit. Die Regierung übernimmt an erster Stelle die Strafverfolgung. Kraft des Gesetzes ernennt sie dazu ein Organ in dem Staatsanwalt [3]. Für ihr Organ ist sie verantwortlich. Dafür hilft die freie Presse und die Oeffentlichkeit.

---

[1]) a. a. O. S. 35.

[2]) Ebendaselbst S. 57.

[3]) So nennt auch Obertribunals-Rath Dr. v. Seckendorf in seinem Gut-

Mit Recht verlangt man aber noch einen besonderen Schutz des Privat-Rechts. Der Privatmann soll nicht fürchten müssen, daß aus Rücksichten der Verwaltung sein besonderes Interesse verkümmert werde. Wo also die Staatsbehörde ein durch strafbare Handlungen verletztes Recht oder einen Beweis für die geschehene Verletzung oder die Thäterschaft nicht als vorhanden erachtet und deshalb eine Verfolgung verweigert, mag der Privatmann sein Recht vor dem Richterstuhle selbst suchen.

Diese Garantie der Privatklage fehlt dem Preußischen Rechte. Für ihre Unerläßlichkeit in der hier angenommenen Beschränkung hat sich auch der zweite Deutsche Juristentag ausgesprochen.

Es ist endlich ein gerechtes Verlangen, daß — in scharfer Grenzzeichnung der Befugnisse der Staats-Gewalt gegen die richterliche — die Strafverfolgung nicht mehr willkührlich aufgehoben werden darf, sobald dafür einmal der Richter angerufen ist. Die Stelle, an welcher — und wie? — für das Preußische und Rheinische Recht ein schärferer Grenzzug nothwendig ist, werden wir später (Abschnitt V) nachzuweisen Gelegenheit haben.

Die Regierung schwächen ist aber gewiß die verwerflichste Garantie.

Für den hier berührten Streit hat die moderne Wissenschaft in dem Gegenüber-Stellen des „Legalitäts- und Opportunitäts-Princips" technische Namen erfunden —, leider zu noch größerer Verwirrung; denn die Begriffe selbst sind nirgend fest definirt.

Vielleicht liegt die Entstehung jenes Streites hauptsächlich in der schon besprochenen schwungvollen Fassung der Aufgabe des Staatsanwalts, wie sie aus Frankreich in die meisten Deutschen Strafproceß-Ordnungen und auch in die Verordnung vom 3. Januar 1849

---

achten zu den Lewald'schen Anträgen die Staatsanwaltschaft „ein in unzertrennlicher Abhängigkeit von der vollziehenden Gewalt stehendes Organ derselben." Verhandlungen des II. Deutschen Juristentages Bd. I. S. 206.

aufgenommen ist [1]). — Danach scheint allerdings der subjektiven Auslegung des Gesetzes durch den Staatsanwalt ein unbegrenztes Feld gegeben.

Weit klarer und einfacher sind die Grenzen seiner Befugnisse durch die §§ 320 und 321 des Strafgesetzbuchs abgesteckt:

„Der Staatsanwalt darf weder vorsätzlich zum Nachtheile einer Person, deren Unschuld ihm bekannt ist, die Eröffnung oder Fortsetzung einer strafgerichtlichen Untersuchung beantragen (§ 320 a. a. O.), noch rechtswidrig in der Absicht, Jemanden der gesetzlichen Strafe zu entziehen, die Verfolgung einer strafbaren Handlung unterlassen" (§ 321).

Neben dieser deutlichen Richtung, neben der — wie Sundelin selbst anerkennt [2]) — völligen „Nüchternheit und Einfachheit der Aufgabe an sich, als Mann des Gesetzes im Staatsdienste Verbrechen zur Bestrafung zu ziehen", erscheinen die feinen und gesuchten Definitionen für „die Forderungen des öffentlichen Interesse" völlig entbehrlich. — Von diesem Standpunkte aus dürfen wir der Behauptung Sundelin's [3]), das öffentliche Interesse könne die Strafverfolgung auch für das schwerste gemeingefährliche Verbrechen verbieten, einen anderen, unbestreitbaren Satz entgegenhalten: „Kein Staats-Interesse ist stark genug, um den Staatsbeamten die Begehung eines Verbrechens zu gebieten."

Das Gesetz hat einen allgemein erkennbaren Boden; — das öffentliche Interesse ist ein vieldeutiger, dehnbarer Begriff [4]). —

---

[1]) § 6 V. v. 3. Januar 1849:
„Dem Staatsanwalt legt sein Amt die Pflicht auf, darüber zu wachen, daß bei dem Strafverfahren den gesetzlichen Vorschriften überall genügt werde. Er hat nicht blos darauf zu achten, daß kein Schuldiger der Strafe entgehe, sondern auch darauf, daß Niemand schuldlos verfolgt werde."

[2]) Sundelin, a. a. O. S. 36.

[3]) Ebendaselbst S. 38.

[4]) s. Leue, Historischer Beitrag ꝛc., Gerichtssaal 1850, S. 199.

Weit besser, als mit solcher Auffassung wäre der Gerechtigkeit und dem Publikum gedient, wenn man ehrlich, wie v. Tippelskirch [1]) sich zu dem „Opportunitäts-Princip" bekennt und klar ausspricht: „Der Staatsanwalt kann einschreiten; — will er nicht, so mag der Privatmann klagen." — Dann weiß das Publikum wenigstens, woran es ist.

Trotz des in dem Gesetze liegenden Idealismus hat der gesunde Sinn der Preußischen Staatsanwalte mit kaum nennenswerthen Ausnahmen den richtigen Weg gefunden. Wären nicht von Außerhalb so viele Mißverständnisse angeregt, so würde eine anderweitige Fassung seiner Aufgabe für die Praxis kaum als Bedürfniß anzuerkennen sein.

Das Gesetz muß klar und wahr sein. Es muß nur Erreichbares verlangen. Das freie Ermessen des Beamten innerhalb des Gesetzes darf nicht beschränkt werden. Er darf nicht gezwungen werden, für seine Maßregeln Gründe zu suchen, um die wahren Gründe zu verbergen.

Versuchen wir nach diesen Grundsätzen die Pflicht des Staatsanwalts für den Kriminal-Proceß zu fixiren:

„Der Staatsanwalt ist Organ der Staats-Regierung zur Ver-
„folgung strafbarer Handlungen. Er hat nach seiner pflichtmäßigen
„Ueberzeugung dafür zu sorgen, daß die richterliche Straf-Gewalt
„nach den Gesetzen geübt werden kann. Eine Ablehnung beantragter
„Verfolgungen darf nur stattfinden aus in der Sache liegenden
„Gründen."

„Der durch irgend ein gerechtes Interesse an der Strafverfol-
„gung legitimirte Denunciant ist eine Angabe der Gründe für die
„Ablehnung zu verlangen berechtigt."

Dabei ist — im Gegensatz zu den auf die Lewald'schen Anträge von dem zweiten Deutschen Juristentage angenommenen Grundsätzen

---

[1]) Beiträge für eine neue Strafproceß-Ordnung, Goldammer Arch. S. 450 sqq.

— jede Festsetzung von besonderen Umständen oder Voraussetzungen, unter denen der Staatsanwalt eine Anklage verweigern darf, geflissentlich vermieden. Die äußerste Grenze für seine Legalität hält das Strafgesetz.

Der bezügliche Beschluß des Juristentages lautet:

„Die Staatsanwaltschaft kann die strafgerichtliche Verfolgung ablehnen, weil entweder die Handlung nicht unter das Strafgesetz zu stellen, oder die Anzeige nicht mit genügenden Beweisen unterstützt wird" [1]). —

Diese beiden Alternativen sind in der That nicht erschöpfend. Auch in anderen Fällen außerhalb dieser Kathegorien und innerhalb des Gesetzes darf der Staatsanwalt eine Anklage verweigern, ohne sich dem Vorwurfe auszusetzen, rechtswidrig Jemanden der gesetzlichen Strafe zu entziehen, oder — was das von Dr. Schwarze abgefaßte Gutachten der ständigen Deputation des Deutschen Juristentages verhindern will [2]) — „ohne dem unantastbaren Begnadigungs-Rechte der Krone zu nahe zu treten."

Aufzuzählen oder in Kathegorien zu fassen sind diese Fälle nicht. Ihre Existenz und Berechtigung müssen wir daher durch Anführung wenigstens einiger Beispiele darthun:

Jemand ist des Diebstahls beschuldigt. Seine Ueberführung hängt ab von dem Beweise seiner Identität mit einer am Orte und zur Zeit der That beobachteten Person. Sind die dafür benannten Zeugen im Gerichtsbezirke, so wird kein Staatsanwalt zweifeln, den Beweis zu veranlassen. Wohnen aber die Zeugen zur Zeit der beantragten Untersuchung im Auslande, ist nur mit äußerstem Kosten-Aufwande die Konfrontation zu erwirken, so muß die Erwägung

---

[1]) § 2 der Beschlüsse zu den Lewald'schen Anträgen, auch Gutachten der ständigen Deputation zu den Verhandlungen des II. Deutschen Juristentages Bd. I. S. 243.

[2]) a. a. O. S. 256 und im Rechts-Lexikon unter der Rubrik „Staatsanwaltschaft".

Platz greifen, ob das zu erwartende Resultat der Untersuchung mit deren Aufwande in Verhältniß steht.

Oder: Ein wegen Diebstahls zu Zuchthausstrafe verurtheilter Verbrecher wird nachträglich noch einer geringen Unterschlagung bezüchtigt. Wäre rechtzeitig — so erwägt der Staatsanwalt — mit der früheren Anschuldigung auch die jetzige eingegangen, so würde darum doch keine höhere Strafe beantragt und erkannt sein (§ 56 Strafgesetzbuchs). Er verweigert deshalb die Anklage.

Ferner: Ein unbescholtener Mann wird eines vor Jahren begangenen Diebstahls beschuldigt. Die beigebrachten Beweise sind an sich nicht völlig von der Hand zu weisen. Zu deren weiterer Verfolgung gehört die Vernehmung des Beschuldigten. Er ist krank und der Arzt erklärt die durch eine Mittheilung der ehrenrührigen, an sich aus den niedrigsten Motiven hervorgegangenen Denunciation zu erwartende Aufregung für lebensgefährlich. Soll der Staatsanwalt nicht anders procediren dürfen, als gegenüber einem berüchtigten, gegen dergleichen Anschuldigungen verhärteten Menschen?

Ferner: Man denke sich zwei äußerlich ganz gleiche Fälle. Zwei Knaben haben gestohlen. Der Eine ist aus bekannter Verbrecher-Familie; der Andere ein Sohn der achtbarsten Eltern. Bei Beiden ist „das Unterscheidungs-Vermögen" zu verneinen. Auf erhobene Anklage würde der Gerichtshof Beide für Schuldig erklären, aber von Strafe freilassen, und den Sohn des Verbrechers einer Besserungs-Anstalt, den Anderen seinen rechtschaffenen Eltern überweisen (§ 42 a. a. O.). Der Staatsanwalt erhebt deshalb nur gegen den Ersteren eine Anklage, weil ja seine Anklage gegen den Anderen praktisch ohne Werth ist. Soll er, um scheinbar gerecht zu sein, das Kind für seine Lebenszeit als „wegen Diebstahls in Untersuchung gewesen" stempeln? —

Ueberall sind ganz andere Gründe für Ablehnung der strafgerichtlichen Verfolgung maßgebend, als nach dem Wortlaute der Beschlüsse des Deutschen Juristentages zulässig sind.

Freiherr v. Groß schließt den hierher bezüglichen Theil seines „Gutachtens zu den Lewald'schen Anträgen"[1]) mit dem Ausrufe: „Legalität, nicht Opportunität". Er kennt aber die Praxis zu genau, um nicht zu wissen, daß jedes „Auf die Spitze Stellen" von Principien nothwendig zu Unwahrheiten führt. Deshalb will er für die praktische Anwendung des Satzes „Minima non curat praetor" — eine diskretionaire Gewalt der Staatsbehörde festgehalten wissen. Indessen abgesehen davon, daß er hiermit für die Praxis nicht ausreicht, so hält ihm mit Recht das Gutachten der ständigen Deputation entgegen, daß die Grenze der Unerheblichkeit, der Anfang der Erheblichkeit nicht zu definiren sei.

Die von uns vorgeschlagene Fassung dürfte auch diesen Vorbehalt entbehrlich machen, um so mehr als die Mehrzahl der Fälle, in denen das Objekt des durch die strafbare Handlung verletzten Rechtes so geringfügig ist, um den Wunsch einer Freilassung des Beschuldigten von der Strafverfolgung zu erwecken, den Beweis für den vorhandenen Dolus vermissen lassen dürfte. Man wird meistens zu der Deduktion berechtigt sein, der Urheber einer ganz besonders geringfügigen Rechts-Verletzung — der unbescholtene Mann, der einem Andern einen Bogen Papier; — das Dienstmädchen, welches ihrer Herrschaft einige alte Flicken, wenn auch objektiv rechtswidrig wegnahm; — der, welcher einen kaum des Aufhebens werthen Gegenstand fand und für sich verbrauchte; — habe nicht das Bewußtsein gehabt, durch seine That Anderer Rechte und Interessen zu verletzen.

---

[1]) Verhandlungen des II. Deutschen Juristentages Bd. I. S. 141.

IV.

Fortsetzung.

(Kritik von Reform-Vorschlägen: Aufgehen der Staatsanwaltschaft in den Bezirks-Regierungen. — Ausdehnung ihrer Wirksamkeit auf bürgerliche Rechtsstreite.)

Eine Verwechselung des von Frankreich aus mehr und mehr über den Kontinent verbreiteten Untersuchungs-Verfahrens mit dem Inquisitionsprocesse führte in dem zuerst vorgeführten Reform-Vorschlage zu einem Aufgehen der Staatsanwaltschaft in den Gerichten. Wir haben einen ferneren Plan zu berühren, der an dem entgegengesetzten Gebrechen leidet und auch zu dem entgegengesetzten Resultate führt.

Herr Oberstaatsanwalt v. Tippelskirch zu Stettin [1]) identificirt unser Strafverfahren mit dem Anklageprocesse und kommt in seinen Konsequenzen zu einer Verschmelzung der Staatsanwaltschaft mit den Bezirks-Regierungen.

Um überhaupt dahin gelangen zu können, mußte der Herr Verfasser zunächst die Staatsanwaltschaft ihrer Idee und ihres Namens berauben. Er mußte anerkennen, daß der Staat als solcher niemals

---

[1]) Beiträge zur künftigen Strafproceß-Ordnung für Preußen vom Oberstaatsanwalt v. Tippelskirch, Goldammer Archiv Bd. II.

als Parthei vor dem Richter Recht suchen könne. Der von ihm geschaffene „öffentliche Ankläger" erhält daher sein Mandat nicht von dem Staate, der Staatsgesellschaft oder Staats-Regierung, sondern von der Bezirks-Regierung [1]). Besondere Abtheilungen dieser Behörden „für die Kronanwaltschaft" sollen die Entscheidung treffen, ob von Amtswegen eine Verfolgung einzuleiten, oder der Privat-Verletzte auf den Weg der eigenen Klage zu verweisen ist. Sein Kronanwalt vertritt also weder die Krone, noch den Staat, sondern die lokalen, untergeordneten Interessen der einzelnen fiskalischen Stationen.

Unsere ganze Erörterung setzt das bestehende Strafverfahren in seiner Idee als berechtigt voraus. Nach den gewonnenen Resultaten dürfen wir daher ein näheres Eingehen auf diesen Plan um so mehr unterlassen, da der zweite Juristentag mit einer an Einstimmigkeit grenzenden Majorität das Akkusations-Princip als Grundlage Deutschen Strafproceß-Verfahrens verworfen hat. Bemerkenswerth bleibt aber dieser von dem Chef der Staatsanwaltschaft eines großen Bezirks ausgegangene Vorschlag als ein Zeugniß für die überall ihren Beamten fühlbare Vereinsamung. Deren Hebung bezeichnet er als einen Hauptvortheil seines — allerdings radikalen — Heilmittels [2]). — Es herrscht in der That eine beklagenswerthe Unklarheit über Begriff und Wesen der Staatsanwaltschaft. Ist es doch vollkommen geläufig, der erstrebten Trennung der Justiz von der Verwaltung und der danach nothwendigen Aufstellung eines Organs der vollziehenden Gewalt neben den Gerichten zur Wahrnehmung aller für die Rechtspflege nothwendigen, nicht richterlichen Funktionen die mißbilligende Frage entgegenzustellen: „Warum man denn nicht auch den Landräthen und Bezirks-Regierungen eine kontrolirende Staatsanwaltschaft zur Seite stelle?" [3]). Man vergißt dabei völlig die für

[1]) a. a. O. S. 457 sqq.

[2]) Ebendaselbst S. 464.

[3]) Ludwig Frey, Staatsanwaltschaft S. 28, 47. v. Tippelskirch, a. a. O. S. 450.

die Bedeutung der richterlichen Gewalt so wichtige Ausnahme-Stellung. Die Verwaltungs-Behörden sind selbst Organe der vollziehenden Gewalt und in Jedem ihrer Beamten verantwortlich. Die Richter sind unverantwortliche Beamte. Ihre Unverantwortlichkeit und darum ihre Thätigkeit muß aber feste Grenzen haben.

Professor Herrmann in Göttingen findet die Erklärung für diese Unklarheit in einem Verwechseln der nächsten Veranlassung für Einführung der Staatsanwaltschaft in Deutschland mit ihrem wahren Grunde. „Sie erscheint hier" — sagt Herrmann [1]) — „als eine bloße Anklage-Vorrichtung. Durch eine solche Auffassung geht aber nicht allein der richtige Gesichtspunkt für die Anklägerfunktion selbst verloren, sondern sie erstickt auch die Keime einer gesunden Organisation, zerstört für die Beilegung weiterer Funktionen jede principielle Grundlage und läßt für Beurtheilung der Angemessenheit solcher Erweiterungen nur den verkehrten Maßstab übrig, ob sie sich auch wohl für ein wesentlich anklagendes und strafverfolgendes Organ schicken und solchen partheiischen Händen gewissenhafter Weise anvertraut werden dürfen."

Dem zweiten Deutschen Juristentage war durch seine ständige Deputation die Vorlage zur Berathung gegeben: „Ob eine Ausdehnung der staatsanwaltlichen Thätigkeit auf bürgerliche Rechtsstreitigkeiten geboten sei?" — Eine Debatte hierüber ist mit richtigem Takte abgelehnt. Die Frage läßt sich in der That ohne eine Vereinigung über Bedeutung und Bestimmung der Staatsanwaltschaft im Ganzen gar nicht beantworten. Es erhellet dies deutlich aus den darüber erforderten, nothwendig unbefriedigenden Gutachten sonst bewährter Männer: Hofgerichts-Rath Brauer in Bruchsal [2]) empfiehlt eine Beschäftigung der Staatsanwaltschfat in Civil-Sachen „in angemessenen Grenzen als zweckmäßig". — Kammer-

[1]) Begriff der Staatsanwaltschaft von Herrmann, Krim.-Arch. 1852, S. 312.
[2]) Verhandlungen des II. Deutschen Juristentages Th. I. S. 96.

gerichts-Rath Plathner in Berlin [1]) sieht ab von der für die Justiz-Organisation empfehlenswerthen Stellung des ministère public. — Er protestirt aber gegen Aufnahme der Institution der partie jointe in den Deutschen Civil-Proceß. Seine Gründe beschränken sich auf zwei Gesichtspunkte: einmal den Mangel eines ungetheilten Beifalls für jene Einrichtungen in Frankreich selbst; — andererseits die von Ludwig Frey mitgetheilten, nicht zur Empfehlung gereichenden Wahrnehmungen in Paris. — „Bei den Pariser Civilgerichten sah Frey während der conclusions der Staatsbehörde die Richter mit Ausnahme des Präsidenten Zeitungen lesen, eine Siesta halten oder durch Handzeichnungen einen Zeitvertreib suchen."

Dem jetzigen Deutschen und Preußischen Staatsanwalte würden die Gutachten mit Recht den Eintritt in den Civil-Proceß verweigern. Ihm fehlt dazu jede Berechtigung, jedes Interesse und jede Befähigung.

Zum Besten der Gerichte, für deren Belehrung oder Beaufsichtigung kann seine Zuziehung zu bürgerlichen Rechtsstreitigkeiten niemals verlangt werden.

Erkennt man aber in dem Staatsanwalt den zur Wahrnehmung der Rechte der Staats-Regierung berufenen Justizbeamten, dann gewinnt mit seiner Stellung die vorliegende Frage erst den richtigen Boden. — Die Staatsanwaltschaft wird damit leitende Behörde für die Justiz-Verwaltung. Für alle dieselbe berührenden Fragen erhält sie dadurch ein kompetentes Urtheil und ein gerechtes Interesse. Anordnungen der obersten Staatsbehörde im Gebiete derselben — im Hypotheken-, Vormundschafts-, Kuratel- und Nachlaß-Regulirungs-Wesen —, deren Konsequenzen für Anwendung des Gesetzes Zweifel hervorrufen, darf sie nach der Auffassung der verfügenden Behörde rechtfertigen und deren Gesetzmäßigkeit vertreten. Sie bekommt die wichtige Aufgabe, die Justiz-Verwaltung mit der

---

[1]) a. a. O. S. 112.

richterlichen Gewalt in Einklang zu erhalten, scheinbare Widersprüche zwischen dem Gesetze und den gegen den Zeitpunkt dessen Erlasses veränderten Voraussetzungen zu constatiren und für eine Ausgleichung im Wege der Gesetzgebung die erforderliche Anregung zu geben.

Sie wird die naturgemäße Vertreterin derjenigen, welche in besonderem Sinne auf den Schutz des Staates angewiesen sind: der Abwesenden, Minorennen, Geistesschwachen und Organe der Verwaltung. Für alle diese Interessen ist eine Vertretung auch durch Rechtsausführungen keineswegs ungehörig und immer entbehrlich. Mit demselben Rechte müßte man auch den Civil-Partheien eine Rechtsausführung versagen. Auch deren und ihrer Anwalte Deduktionen langweilen oft den Richter und es bedarf keiner Reise nach Paris, um den Richter in der Sitzung mit Zeitungen oder Bleistift beschäftigt zu sehen.

Eine nur vereinzelte Aufnahme des Art. 83 des Code de procedure civile wäre gewiß ein verfehltes Unternehmen. Nur aus dem Principe, dessen Anerkennung wir fordern und dessen Ausbau in Beziehung auf die einzelnen Justiz-Verwaltungs-Geschäfte auch am Rhein noch nicht völlig vollendet ist, kann die Nothwendigkeit einer Mitwirkung der Staatsanwaltschaft im Civil-Processe gefolgert und gerechtfertigt werden.

V.

Begrenzung der Gerichte gegen die Staatsanwaltschaft.

Frei von einer Anmaßung, die wichtige und schwierige Frage nach dem wahren Grunde der Staatsanwaltschaft wissenschaftlich erschöpft zu glauben, dürften wir doch deren Erörterung von dem Standpunkte des Praktikers aus weit genug geführt haben, um in der auf diesem Grunde erbauten Rheinischen Justiz-Verfassung die principiellen Fehler und Auslassungen zu entdecken.

Es ist ein Vortheil und zugleich ein sicherer Maßstab für die richtige Ausführung der nach festen Grundsätzen geschaffenen Einrichtungen, daß die einzelnen Abweichungen davon sogleich scharf in's Auge fallen. Bei einem Ueberschauen des auch in Deutschland der Staatsanwaltschaft geöffneten Wirkungskreises finden wir solche Inkonsequenzen wesentlich in denjenigen Stadien des Untersuchungs-Processes, welche der Einleitung einer förmlichen Untersuchung und der mündlichen Verhandlung vorangehen.

Namentlich ist in Preußen das Verhältniß zwischen Staatsanwalt und Untersuchungs-Richter auf das Heftigste und in weit höherem Maße angefochten, als am Rhein und in Frankreich. Dort ist Sinn und Geist der Staatsanwaltschaft im Ganzen ausgeprägt.

Dadurch ist der Praxis und Rechtsübung ein Weg eröffnet, um einzelne Lücken der Gesetzgebung auszufüllen und die schädlichen Wirkungen ihrer einzelnen Schwächen niederzuhalten.

Die Rheinische Justiz-Verfassung soll die richterliche Gewalt als eine selbstständige und unabhängige sichern und der Regierungsgewalt die lebendige Grenze des Gesetzes entgegenhalten.

Das System duldet keine Uebergriffe der vollziehenden Gewalt in die richterliche, keine Ausschließung des Richters von den ihm gehörigen Amtshandlungen. Damit würde die Begrenzung der Verwaltung durch das verfassungsmäßig allein durch den Richter vertretene Gesetz aufhören. Die Feststellung der Grenze fiele dem Willen und der Willkühr der Regierungsgewalt anheim.

Der Staatsanwalt ist Organ der Staats-Regierung. Er darf also grundsätzlich weder zur eigenen Vornahme richterlicher Funktionen, noch zu einer Stellung berechtigt werden, welche den Richter zu seinem Organe macht. Die Gesetzgebung mußte daher die Grenze genau feststellen, bis zu welcher die Organe der Verwaltung wirken dürfen und an welcher die richterliche Thätigkeit beginnt.

Diese Grenze fehlt in dem Französischen und Rheinischen Gesetze. Sie ist verwischt in dem Institute der „gerichtlichen Polizei". Ein sicherer Anhalt zur Entscheidung, ob die gerichtliche Polizei innerhalb des Ressort der Regierungs- oder der richterlichen Gewalt steht, ist weder aus gesetzlichen Bestimmungen, noch aus den einzelnen, ihr zugetheilten Funktionen mit Klarheit zu entnehmen.

Einer Seits ist der Instruktions- (Untersuchungs-) Richter selbst für einen Beamten der gerichtlichen Polizei und als solcher den Anweisungen und selbst Mahnungen (avertissements) des General-Prokurators für unterworfen erklärt [1]). — In Uebereinstimmung hiermit ist für das délit flagrant und die demselben gleichgestellten Fälle der Prokurator zu gleichen Amtshandlungen, wie der

[1]) Code d'instruction criminelle Art. 59 und 280.

Instruktions-Richter in einer Weise berechtigt, daß die Prävention über die Befugniß zum Einschreiten entscheidet [1]). —

Anderer Seits wird der Instruktions-Richter verpflichtet, die von dem Prokurator aufgenommenen Verhandlungen zu prüfen und nach freiem Ermessen die Untersuchung von Neuem zu beginnen oder einzelne Akte derselben zu wiederholen [2]). — Die Praxis hat ferner den Grundsatz als einen unumstößlichen festgestellt, daß der Prokurator nicht mehr einseitig über Fortsetzung oder Einstellung des Verfahrens verfügen darf, sobald der Instruktions-Richter einmal mit der Sache befaßt ist [3]). —

Gehört die gerichtliche Polizei in den Bereich der Regierungsgewalt, so müßte der Instruktions-Richter ausscheiden; — ist sie aber ein Ausfluß richterlicher Gewalt, so erscheint ihre Ausübung durch den Prokurator und die Unterordnung des Instruktions-Richters unter den General-Prokurator ungerechtfertigt.

Möge — wie v. Stemann und Mittermaier meinen — diese Unbestimmtheit in Frankreich geflissentlich erhalten und im Interesse der Gewaltherrschaft ausgenutzt sein: ihr Grund liegt in der Wissenschaft und wieder in einer Verwechselung [4]) des neuen Strafverfahrens mit den Theorien bald des Akkusations-, bald des Inquisitions-Processes.

Die oft gehörte Behauptung, das neue Verfahren sei eine Zusammensetzung des Akkusations- und Inquisitions-Processes, ist ein

---

[1]) a. a. O. Art. 41, 42, 47.

[2]) l. c. Art. 60.

[3]) Nessel, Das Pr. Gesetz vom 17. Juli 1846, Berlin 1848, S. 97. Mittermaier, Voruntersuchung, Kriminal-Archiv 1849, S. 215.

[4]) Vergl. Mittermaier, Gesetzgebung und Rechtsübung S. 275. v. Tippelskirch, Goldammer Bd. 2. S. 23 sqq., 313 sqq., 447 sqq. Sundelin in dem oben gen. Werke und Gerichtssaal 1859, S. 412. Dalcke, in Goldammer's Archiv Bd. 8. S. 146.

Widerspruch in sich selbst. Jedes von diesen Principien schließt das andere aus [1]).

Wir haben keinen Akkusations-Proceß im Sinne der Wissenschaft. — Nach den jetzt angenommenen Grundsätzen handelt es sich im Strafprocesse nicht um zwei einander gegenüberstehende Partheien. Die Staatsgesellschaft, zu der Richter und Staatsanwalt gehören, verlangt Sühne für die ihr durch strafbare Handlungen geschaffene Rechtsverletzung. — Als Mandatar der Staatsgesellschaft kann der Staatsanwalt also nicht Parthei-Interessen vertreten. Nur eine Fiktion, also eine Unwahrheit könnte zu dem Akkusations-Processe führen.

Wir haben auch keinen Inquisitions-Proceß. — Dessen Wesen erfordert Vereinigung der verschiedenen Gewalten in derselben Hand. Es anerkennt keinerlei Berechtigungen der Staatsgesellschaft. Das Oberhaupt des Staates allein regiert und richtet.

Beide Standpunkte — der Eine, welcher nur die Privatperson —, der Andere, welcher nur den Thron durch das Verbrechen für verletzt hielt, sind verlassen. Aus beiden Proceßarten kommen aber natürlich in dem gegenwärtigen Strafverfahren Anklänge vor. Daraus folgt aber nicht die Berechtigung, die Akte des neuen Verfahrens nach den Theorien für die äußerlich ähnlichen aus den alten Systemen zu beurtheilen und zu behandeln. Hierdurch entsteht die Unklarheit.

Die Einbringung einer Anklage erinnert an den Akkusations-Proceß. Aus diesem Akte sind die Annahmen construirt: „Der Proceß beginne mit der Anklage. Die Vorbereitung und Begründung der Anklage gebühre dem Staatsanwalte. Dazu benutze er die Thätigkeit des Untersuchungs-Richters. Folglich sei der Untersuchungs-Richter Organ des Staatsanwalts.“

---

[1]) Vergleiche hier die klare und scharfe Erörterung in Köstlin's Wendepunkt des Strafverfahrens S. 39 sqq.

Die Prämissen sind aber unrichtig: der Strafproceß beginnt nicht erst mit der Anklage, sondern mit Anrufung des Richters. — Der Staatsanwalt verlangt die Thätigkeit des Untersuchungs-Richters nicht zur Vorbereitung und Begründung der Anklage, sondern zur Erörterung des erhobenen Verdachts.

Diese Unterscheidung ist keine bloße Spitzfindigkeit. Sie ist durchaus praktisch und folgt aus der Anerkennung der richterlichen Gewalt als einer selbstständigen und unabhängigen im Staate.

Die richterliche Gewalt äußert sich in dem Rechtfinden und Rechtsprechen. Beide Thätigkeiten sind in dem Richter unzertrennlich. Ihn zum Rechtfinden zu benutzen, von dem Rechtsprechen aber auszuschließen, widerstreitet seiner Aufgabe. —

Zu dem Rechtfinden gehört die Aufnahme von Beweisen durch den Richter. Mit dem Gesetzbuche in der Hand muß der Richter den Angeschuldigten, Zeugen und Sachverständigen vernehmen zur Prüfung, ob die Kriterien des Strafgesetzes vorliegen. Ihm gebührt dann auch das Aussprechen des gewonnenen Resultats.

Daß dem Richter trotz seiner Anrufung die Entscheidung über ein Fortsetzen des Verfahrens entzogen wird, ließe sich nur vom Standpunkte des Anklage-Processes rechtfertigen [1]). In einem nach dem Vorbilde des Civil-Processes geschaffenen Kriminal-Verfahren würde Erhebung, wie Zurücknahme der Klage von der Willkühr des Anklägers abhängen. Der Staatsanwalt ist aber weder in der Lage des Anklägers, noch zu willkührlichen Schritten berechtigt. Seine Richtschnur ist allein das Gesetz. Dessen endgültige Auslegung gehört ausschließlich dem Richter. Mit dessen Anrufung beginnt also der Kriminal-Proceß.

Von vielen Seiten wird zwar die Zulässigkeit oder Nothwendigkeit eines gerichtlichen Verfahrens vor der Anklage überhaupt in Abrede gestellt. Diese Frage berührt indessen zunächst das Verfah-

[1]) Plank, Deutsches Strafverfahren S. 289.

ren im Strafprocesse und liegt deshalb außerhalb unserer Aufgabe. Eine blos beiläufige Behandlung derselben würde ihrer Wichtigkeit wenig entsprechen. Für die Entscheidung über den Zeitpunkt des Beginnens des Processes selbst giebt sie auch kein anderes Material.

In Schottland ist dem Staatsanwalte jede Vorprüfung ganz überlassen. Der Fiskalprokurator sammelt die Beweise lediglich ex parte proceeding, im Interesse der Anklage. Der Sheriff greift nie handelnd ein. Seine Anwesenheit dient nur zur Beglaubigung einzelner Akte oder um ihm den Anspruch auf Sicherung des Erscheinens des Anzuklagenden durch Bürgschaft oder Verhaftung zu erweisen.

Diese Einrichtungen beweisen nur für unseren Satz.. Auch in Schottland beginnt der Proceß mit Anrufung des Richters. Die Anrufung muß aber dort sogleich mit einer Anklage geschehen. Die Thätigkeit des Schottischen Richters vor der Anklage steht also für den Kriminal-Proceß in demselben Verhältnisse, wie für den Civil-Proceß „ein schleuniges Arrestgesuch" oder „ein Beweis zum ewigen Gedächtniß".

Dr. Glaser sucht unter Hinweisung auf das Schottische Proceß-Verfahren die Entbehrlichkeit von richterlichen Untersuchungshandlungen vor der Anklage nachzuweisen. Sein lehrreicher Aufsatz „Ueber Versetzung in Anklagestand" [1]) beklagt, daß in dem Französischen, Englischen und Deutschen Systeme der Kriminal-Proceß schon vor der Anklage anfange. Wir dürfen daher sein Zeugniß als beweisend für unsere Behauptung, daß naturgemäß mit Anrufung des Richters der Strafproceß beginne, in Anspruch nehmen.

Für das hier zu Grunde gelegte Verfahren ergiebt sich aber

---

[1]) Im Kriminal-Archiv 1852, S. 288, 94 und 92. — Auch hier müssen wir daran erinnern, daß unserer Erörterung lediglich das von dem Schottischen, auf dem Anklageprincip basirenden Systeme völlig verschiedene Untersuchungs-Verfahren, wie es in Deutschland fast durchweg angenommen ist, als Voraussetzung dient.

die weitere Frage: „Zu welchem Zeitpunkte muß der Richter angerufen werden?“ — oder mit anderen Worten: „In welchen Grenzen ist die Regierungsgewalt zu Untersuchungshandlungen kompetent?“

Diese Grenzen ergeben sich durch das Recht des Einzelnen auf Freiheit und Schutz der Person und des Eigenthums.

In der Verfügung über seine Person und sein Eigenthum darf Niemand ohne Richterspruch beschränkt werden. So lange die Polizei sich von solchen Eingriffen fern hält, ist ihre Wirksamkeit nicht auszuschließen. Wird doch Niemand selbst die durch strafbare Handlungen verletzte Privatperson hindern wollen, nach dem Thäter zu forschen, den von der That Verjagten zu verfolgen, den Verdächtigen zur Rede zu stellen und den auf der That Ertappten festzuhalten.

Zwangsmittel stehen der Polizei aber nicht zu Gebote weder gegen den Angeschuldigten, noch gegen Zeugen. Ebenso wenig aber kann die Polizei eine Verfolgung übernehmen, sobald eine Beschlagnahme oder Verhaftung nothwendig wird. Ihr durch die Nothwendigkeit gebotenes Einschreiten in Fällen, da die richterliche Autorisation zu spät kommen würde, muß daher sogleich dem Richter angezeigt werden, um über Fortdauer der verhängten Haft oder Beschlagnahme zu beschließen.

Bis in solcher Weise die Thätigkeit des Richters angerufen wird, erstreckt sich der Wirkungskreis der gerichtlichen Polizei. Mit Anrufung des Richters scheidet sie aus. Ein Bedürfniß, den Untersuchungs-Richter in die Kathegorie der gerichtlichen Polizei oder in ein abhängiges Verhältniß zu der Staatsanwaltschaft zu bringen, liegt also nicht vor und ist auch mit dem Wunsche nicht zu rechtfertigen, dem Untersuchungs-Richter für dringende Fälle ein Einschreiten auch ohne ausdrückliches Anrufen durch den Staatsanwalt zu gestatten. Der „clameur publique“ und eine durch Spuren frischer That geschaffene Notorietät von dem vorhandenen Verdachte darf diese ausdrückliche Anrufung ersetzen.

Auch in der Preußischen Verordnung vom 3. Januar 1849 oder sonst in Preußischen Gesetzen ist eine Begrenzung der gerichtlichen gegen die polizeiliche Thätigkeit nicht gegeben. Zwar gilt gesetzlich keine Unterordnung des Untersuchungs-Richters unter den Staatsanwalt oder Oberstaatsanwalt. Er ist auch nirgend als ein Beamter der gerichtlichen Polizei bezeichnet. Das ganze Institut der gerichtlichen Polizei ist vielmehr dem Preußischen Gesetze unbekannt.

Thatsächlich befindet sich aber der Preußische Untersuchungs-Richter in einer weit ungünstigeren Lage als der Rheinische und Französische. Er ist lediglich Werkzeug des Staatsanwalts. In dessen Wahl ruht es, ob er für die einzelnen Untersuchungshandlungen die Gerichte oder die Polizei in Anspruch nehmen will. Der § 7 der Verordnung vom 3. Januar 1849 bestimmt:

> „Untersuchungshandlungen, Verhaftungen oder Beschlagnahmen hat der Staatsanwalt, wenn nicht Gefahr im Verzuge und der Fall der Ergreifung auf frischer That vorliegt, nicht selbst vorzunehmen, sondern solche nach den Umständen entweder bei der Polizei-Behörde oder bei dem betreffenden Gerichte zu beantragen."

Kann der Richter nicht eine Ungesetzlichkeit der beantragten Maßregel nachweisen, so muß er nach dem vorstehenden Paragraphen in Verbindung mit § 5 a. a. O. der Requisition, wie einem Auftrage Folge leisten. Mit einer Leitung der Untersuchung wird er nicht befaßt. Sie bleibt vielmehr ausschließlich in der Hand des Staatsanwalts. — Ist eine Verhaftung des Beschuldigten erforderlich, so muß zwar hierüber der Beschluß des Gerichts eingeholt werden. Die gerichtlich beschlossene Haft kann aber — außer dem Falle einer förmlichen Voruntersuchung oder der nach Einbringung der Anklage eröffneten Untersuchung — die Verfügung des Staatsanwalts wieder aufheben.

Der in Frankreich und am Rhein durch die Praxis geschaffene Grundsatz, daß dem auch nur durch Requisition des Instruktions-Richters mit der Sache befaßten Gerichte die Kognition über deren Fortsetzung nicht mehr entzogen werden dürfe, hat hier nicht Platz finden können.

Mit vollkommen richtigem Gefühle verweigerten zwar Preußische Richter eine (verantwortliche) Vernehmung von Beschuldigten auf Requisition des Staatsanwalts außerhalb einer förmlichen Voruntersuchung. Sie stützten ihre ablehnende Erklärung auf die Ausführung, daß der Richter Niemanden zur Verantwortung ziehen dürfe, ohne auch zu dessen Entbindung von der Anschuldigung in der Lage zu sein. Vom Standpunkte des bestehenden Rechts aus mußte aber das Obertribunal [1]) die Verpflichtung des Untersuchungs-Richters anerkennen, allen zum Zwecke einer Vorbereitung und Begründung seiner Anklage an ihn gelangenden Requisitionen der Staatsanwaltschaft Folge zu leisten.

Nur in dem Falle einer förmlichen Voruntersuchung gewinnt der Untersuchungs-Richter eine selbstständigere Stellung. Er folgt dann innerhalb derselben seinem Ermessen. Nach ihrem Abschlusse befindet das Gericht auf Anhörung des Staatsanwalts über Einstellung oder Fortgang des Verfahrens. In gewissen Fällen muß sogar dem mündlichen Haupt-Verfahren eine förmliche Voruntersuchung vorangehen. Der Staatsanwalt vermag aber selbst diese Bestimmung zu einer bedeutungslosen Form herabzusetzen. Es fehlt eine Festsetzung über das Stadium, in welchem eine Voruntersuchung beginnen muß. Der Staatsanwalt kann deshalb zunächst durch Aufstellung einzelner Requisitionen den Untersuchungs-Richter lediglich als sein Organ benutzen. Erst nach der unter seiner Leitung thatsächlich abgeschlossenen Untersuchung und, wenn er mit sich einig ist,

---

[1]) Grundsätze des V. Senats Königlichen Obertribunals, Erste Fortsetzung S. 1 (Nr. 121. Bescheid vom 17. Juli 1850).

dem Verfahren Fortgang gestatten zu wollen, erhebt er seinen Antrag auf Voruntersuchung. In Wirklichkeit hat dann der Untersuchungs-Richter nichts mehr zu thun.

Daß sich der Richter dabei in seiner Würde verletzt sieht; — daß er nur mit Widerwillen sich zu dem untergeordneten Wirken des Untersuchungs-Richters hergiebt; — daß und wie hieraus Mißverhältnisse entstehen und entstehen müssen: das Alles ist bekannt genug.

Der Untersuchungs-Richter steht selbst ungünstiger gegen die Staatsanwaltschaft als die Polizei. Seine Thätigkeit kann nur mit dem Willen und auf Anregung des Staatsanwalts eintreten. Nur in dem Falle „einer Gefahr im Verzuge" ist das Gericht zum Einschreiten ohne Antrag berechtigt. Nach den ersten unaufschiebbaren Handlungen müssen aber die Verhandlungen dem Staatsanwalte zugefertigt werden, um dessen weitere Anträge und — möglicher Weise auch zu gewärtigen, daß derselbe das Vorgehen des Richters nicht billigt, ein Strafgesetz nicht für verletzt erachtet und die Akten bei Seite legt.

Die Polizei-Behörden dagegen sind für ihren Angriff der Sache völlig unabhängig von dem Staatsanwalte. — So lange sie die Bestimmungen des Gesetzes zum Schutze der persönlichen Freiheit nicht berühren, bleibt ihnen überlassen, ob und wann sie den Staatsanwalt mit der Untersuchung befassen wollen.

Das naturgemäße Verhältniß wird also fast umgekehrt: das Gericht wird zum Organ des Staatsanwalts, der Staatsanwalt selbst aber abhängig von dem guten Willen der Polizei.

Der Staatsanwalt in Preußen ist also der ihm zukommenden Aufgabe in keiner Weise gewachsen. Er kann nicht haften für eine Gesetzlichkeit in dem Verfahren der Polizei. — Gleichwohl muß er die einzelne Untersuchung vor Gericht vertreten. Seine Leitung würde eine Gewähr gegen Willkührlichkeiten und Ausschreitungen geben. Nach seiner dem Richter gleichen Befähigung und Bildung kennt er das Gesetz. Seine fortgesetzte Beziehung zu den Gerichten hält ihn bekannt mit den richterlichen Auslegungen. Als unmittelbares Organ der Staats-Regierung steht er über den kleinlichen, lokalen und blos fiskalischen Interessen.

Zur Erreichung von Erfolgen im Kriminal-Processe ist Einheit der Maßregeln erstes und wichtigstes Erforderniß. Der Staatsanwalt ist der nothwendige Mittelpunkt. Die geschilderten Verhältnisse lassen ihn nicht dahin kommen.

Vor Allem also Klarheit und Wahrheit im Gesetze!

Man schaffe eine feste Grenze zwischen der richterlichen und Regierungs-Gewalt. Als Vertreter der Letzteren erkenne man den Staatsanwalt ausdrücklich an. Als solchen stelle man ihn an die Spitze einer gerichtlichen Polizei [1]). Man gewähre ihm volle Kraft und Unabhängigkeit neben den Gerichten. Aber man begrenze seine Thätigkeit, verhindere ein Uebergreifen in die richterliche Gewalt und verhelfe den Gerichten zu dem Rechte der Entscheidung, sobald sie einmal angerufen sind. Nur dann wird mit dem Gefühle der eigenen Kraft und Bedeutung das Mißtrauen der Gerichte gegen die Staatsanwaltschaft schwinden.

Es gehört dazu aber eine wesentlich geänderte Organisation der Gerichte und der Staatsanwaltschaft. — Schon die kleinen Bezirke der Staatsanwaltschaft hindern eine gedeihliche Wirksamkeit. Der vereinzelte Beamte (Staatsanwalt oder Staatsanwalts-Gehülfe) erscheint zu einem Widerstande gegen gesetzwidrige Zumuthungen von Oben her unkräftig und zu wenig gewichtig, um ihn an die Spitze einer gerichtlichen Polizei zu stellen.

---

[1]) Die in dieser Beziehung erhobenen Forderungen sind allgemein. Wir citiren aus den vor uns liegenden Schriften: Mittermaier, Gesetzgebung und Rechtsübung S. 352. Dr. Schwarze, Gerichtliche Polizei, im Kriminal-Archiv de 1849. v. Stemann, Goldammer Archiv Bd. 8. S. 43. Dalcke, ebendaselbst S. 150. Nessel in seinem oben citirten Werke S. 84. Köstlin, Geschworenengericht S. 147. Sundelin, Staatsanwaltschaft S. 147 und in der Allg. Strafrechts-Zeitung de 1861, S. 693.

Diejenigen Beamten, welchen gerichtspolizeiliche Funktionen zufallen, stehen zum großen Theile mit ihm in gleichem oder in höherem Range und würden die unwilligsten Organe werden. Hat man doch nicht einmal gewagt, die Polizeianwalte den Anweisungen des Staatsanwalts zu unterwerfen. Sie stehen direkt unter dem Oberstaatsanwalte.

Die jetzigen Staatsanwalte haben auch ein zu geringes Feld für eine einheitliche Leitung von Untersuchungs-Sachen. Es wird noch geringer bei dem Eintreten der Gerichte. — Jeder Einzeln-Richter ist zugleich Untersuchungs-Richter für seinen Bezirk. Die Abgabe der Sache an den Untersuchungs-Richter hindert also jede Einheit und gefährdet zugleich auch in anderer Weise den Erfolg. Nicht jeder Richter eignet sich für den Beruf des Untersuchungs-Richters. Die Untersuchung würde daher oft in dazu nicht geeignete Hände gerathen.

Die Gleichstellung aller Richter in Preußen, das Fehlen des Instituts der Friedensrichter nimmt dem Staatsanwalte einen für die Landkreise unentbehrlichen, befähigten Hülfsbeamten.

Erklärt man den Staatsanwalt für ein Organ der Regierungs-Gewalt, dann fallen alle Streitfragen über seine Befugniß zur eigenen Vornahme von Untersuchungshandlungen. Er darf dann nicht weiter wirken, als die gerichtliche Polizei selbst. Ueber seine Berechtigung zu einem persönlichen Einschreiten kann nur so lange Zweifel bestehen, als man im Unklaren bleibt, ob der einschreitende Staatsanwalt richterliche oder polizeiliche Funktionen übernehme. Der oben angeführte § 7 V. vom 3. Januar 1849 nährt diese Zweifel. Muß man sich für die Alternative entscheiden, er könne nur in seiner Eigenschaft als Chef der Kriminal-Polizei deren Funktionen wahrnehmen; — können also seine Akte keine beweisende Kraft beanspruchen, so fehlt es an Gründen im Principe für eine Ausschließung seiner persönlichen Thätigkeit. — Im Interesse seiner freieren und unbefangeneren Stellung und für seinen Schutz vor Insulten, denen der Exekutiv-Polizeibeamte leicht ausgesetzt ist und welche das fernere Ansehen des höheren Beamten beeinträchtigen würden, läßt sich sein Fernbleiben von einem unmittelbaren Eingreifen für vortheilhafter erklären und danach seine Instruktion abfassen: — in das Gesetz gehört aber diese Beschränkung nicht.

Mit dem Grundsatze ferner, daß durch jedes Anrufen des Richters die Entscheidung über die Streitsache selbst dem Richter anheimfalle, erledigen sich die feinen Unterschiede zwischen dem gerichtlichen Skrutinial- und Voruntersuchungs-Verfahren. Der kompetenten Erwägung des Staatsanwalts mit dem Richter und der Lage, wie dem Bedürfnisse des einzelnen Falles wäre zu überlassen, ob sogleich eine mündliche Verhandlung zulässig oder ob noch eine Aufklärung durch den Untersuchungs-Richter geboten ist.

Steht dem Staatsanwalt eine gerichtliche Polizei zu Gebote, so wird sich das von allen Seiten ausgesprochene Verlangen nach Beschränkung der gerichtlichen Erhebungen außerhalb der mündlichen Verhandlung von selbst erfüllen. Man gewährt damit ein Feld für die Entwickelung der Praxis.

Außerhalb unserer Erörterung liegt die Frage, welche einzelne Beamte zu der Kathegorie der gerichtlichen Polizeibeamten zu rechnen? — Wir dürfen uns aber eine Andeutung des sich dafür konsequenter Weise ergebenden Grundsatzes gestatten. Danach fällt jede, auf Verfolgung strafbarer Handlungen gerichtete, nicht richterliche Amtshandlung in den Bereich der gerichtlichen Polizei. Soweit also ein Exekutiv-Beamter eine derartige Thätigkeit übernimmt, gehört er unter die Aufsicht des dafür verantwortlichen Chefs derselben, des Staatsanwalts. —

VI.

Begrenzung der Kollegial-Gerichte gegen die Einzeln- (Friedens-) Richter und deren Kompetenz als Spruchbehörden.

Ein fernerer Bruch des leitenden Princips liegt in der am Rhein den Friedens-Richtern als einer Spruchbehörde zugewiesenen Thätigkeit. In dieser Eigenschaft gehören zu ihrer Kompetenz aus dem Gebiete des Civilrechts alle blos persönliche und Mobilarsachen, wenn der Werth des Klage-Objekts die Summe von Einhundert Thalern nicht übersteigt; — ferner ohne Rücksicht auf die Höhe des Objekts gewisse Sachen, bei welchen ein schleuniges Verfahren an Ort und Stelle angemessen ist, namentlich Processe wegen Besitzstörung, wegen Beschädigung von Feldern und Früchten durch Menschen oder Thiere, wegen Ansprüchen aus dem Mieths-, Pacht- und Gesindedienst-Verhältniß, desgleichen wegen Beleidigungen und Thätlichkeiten. — In Strafsachen fungiren sie als Polizeigerichte und haben als solche die Untersuchung und Entscheidung wegen aller „Uebertretungen" und einiger durch besondere Gesetze ihrer Kompetenz zugetheilter Vergehen [1]). —

Damit ist aber einer großen Zahl von Rechtssachen der Zutritt zu den unabhängigen Gerichten entzogen ohne Rücksicht, ob ihnen

[1]) cf. Jahrbuch der Preuß. Gerichts-Verfassung 1861, S. 25.

auch jene Garantie entbehrlich ist. Zwar bleibt gegen die friedensrichterlichen Entscheidungen mit geringen Ausnahmen [1]) der Instanzen-Weg. Nach dem herrschenden Verfahren wird aber damit im Civil- und im Straf-Processe im Wesentlichen nur gegen Verstöße in Beziehung auf gesetzliche Vorschriften Abhülfe geschaffen. Der Regel nach wenigstens liegt für die zweite Instanz das in dem ersten Urtel für erwiesen erachtete Sachverhältniß der Entscheidung zu Grunde.

Die Einräumung einer Jurisdiktion an Friedens-Richter wurde von uns selbst als nothwendig, ja als eine Bedingung bezeichnet, um den Kollegial-Gerichten zu der ihnen gebührenden Stellung zu helfen. Zur Begründung dieser Forderung beriefen wir uns auf die eigene Geschichte Preußens, auf das Beispiel anderer Länder und auf das deutlich erkennbare Bedürfniß. —

Es wurde als Erfahrungs-Satz aufgestellt, daß die Ueberzahl von Civil- und Straf-Processen zu ihrer Beurtheilung keiner hohen wissenschaftlichen Befähigung erfordere, vielmehr mit den gewöhnlichen Kenntnissen und einiger praktischer Uebung völlig sachgemäß bewältigt werden könne. Ebenso durfte anerkannt werden, daß die Befürchtung vor unlauteren Einflüssen auf den Richter nur in den allerseltensten Fällen überhaupt eintritt, geschweige denn gerechte Grundlage hat. Für alle solche Sachen ist eine schnelle Erledigung wesentliches Erforderniß. Man will um unwichtiger Angelegenheiten Willen nicht große Kosten, Umstände, Weiterungen oder gar Reisen nach einem entfernten Gerichts-Sitze.

In der Höhe des Klage-Objekts allein liegt aber nicht immer der Maßstab zur Entscheidung, ob ein Proceß für den Einzelnen wichtig oder unwichtig ist. — Das Urtel über einen vorliegenden,

---

[1]) Ein Rechtsmittel findet nicht Statt — in Civilsachen: wenn der Klage-Gegenstand nicht mehr als 20 Thlr. beträgt; — in Strafsachen: wenn die erkannte Geldbuße mit Einschluß der Civil-Entschädigung 5 Francs nicht übersteigt.

jetzt unwichtig scheinenden Gegenstand hat oft die weittragendsten Konsequenzen. Ebensowenig läßt sich aus dem geringen Geldwerthe einer Forderung mit Sicherheit schließen, daß der entstehende Proceß thatsächlich und rechtlich einfach sei.

Wir brauchen nicht erst darauf hinzuweisen, daß Summen bis zu Einhundert Thalern für den Armen schon ein Vermögen sind; — wird das Recht selbst, das Vertrauen auf das Gesetz verkümmert, so geschieht dem Volks-Bewußtsein ein gleicher Schaden: — möge das Objekt Tausende oder nur Einen Thaler Werth haben.

Als Regel darf man zwar erfahrungsgemäß annehmen, daß Processe über geringe Werthe oder Anklagen, welche nur eine unerhebliche Strafe fordern, auf einem leicht zu überblickenden That- und Rechts-Verhältnisse beruhen. Gewöhnlich ist auch bei Processen, deren praktisches Resultat nur gering ist, kein für den Richter beirrender Einfluß zu besorgen.

Man darf daher annehmen, daß die Ueberweisung solcher Streitsachen, wie sie das Rheinische Gesetz ausgesondert hat, an die Friedens-Richter der Regel nach dem Interesse und dem Willen des Publikums entsprechend ist. — Aber die Ausnahmen dürfen nicht ohne Berücksichtigung bleiben. — Die besondere Lage des einzelnen Falles, die Zeit und die sonstigen Verhältnisse der Erhebung eines Anspruches können auch der geringfügigen Forderung die äußersten Garantien des Gesetzes unentbehrlich machen.

Solche Fälle zu bezeichnen, aufzuzählen oder in besondere Kathegorien zu bringen, ist natürlich unmöglich. Man käme dabei zu einer Kasuistik, welche im formellen Rechte ebenso schädlich ist, wie in dem materiellen. Hier, wie dort giebt es nur ein Mittel, solcher Kasuistik zu entgehen —: in der Berechtigung des richterlichen Ermessens.

Möge man also die regelmäßige Kompetenz der Friedensgerichte in den am Rhein gezogenen Grenzen bestehen lassen oder sogar — und das ist unser Vorschlag — noch erweitern, so darf doch die

Behauptung des Einzelnen, sein Anspruch eigne sich nicht für die Kompetenz des Friedens-Richters, rechtliches Gehör fordern.

Das Kollegial-Gericht würde nach seinem freien Ermessen hierüber zu beschließen und damit die Berechtigung haben, jeden Civil- oder Straf-Proceß vor sein eigenes Forum zu ziehen. Damit wäre der Schwerpunkt der Entscheidung für alle Rechtssachen in die Hand des unabhängigen Kollegiums gelegt.

Selbstredend müßte aber die Gesetzgebung sorgen, daß die Befugniß zur Anrufung des Kollegial-Gerichts nicht zum Verschleife der Processe führe und ausgenutzt werden könne. Zunächst dürfte also der auf Ausschließung der Kompetenz des Friedens-Richters gerichtete Antrag nur innerhalb der ersten Stadien des Processes und binnen einer gesetzlich festzustellenden, präklusivischen Frist zu berücksichtigen sein.

In allen Fällen ist aber selbst hiermit nicht geholfen. Geschieht auch bei den gegenwärtigen Kommunikations-Mitteln, die ja in einer Nacht Briefe durch halb Deutschland tragen, durch eine Akten-Versendung kein erheblicher Zeitverlust, ließe sich auch durch besondere Anordnungen eine vorzugsweise schleunige Behandlung solcher Gesuche bei den Kollegial-Gerichten bewirken, so können doch viele Processe selbst einen geringen Aufschub nicht ertragen. Den Friedens-Richtern muß daher das Recht zustehen, trotz des Widerspruchs einer Parthei die Verhandlung und Entscheidung zu übernehmen. Zur Sicherung des Widersprechenden müßte jedoch die Einforderung einer Kaution erfolgen und ihm überlassen werden, seine Einwendungen gegen die Kompetenz mit einem Rechtsmittel geltend zu machen. Das Kollegial-Gericht hätte demnächst die Verpflichtung, zuerst über die Perhorrescenz zu befinden und — falls der Antrag für begründet erachtet wird — das bisherige Verfahren zu vernichten und in der Sache selbst als Erst-Instanz-Gericht anderweit zu erkennen.

Einer Besorgniß, daß zu oft und in unbegründeter Weise von diesem Rechte Gebrauch gemacht werden würde, können wir eine in Preußen selbst gemachte Erfahrung entgegenstellen. Für Ehrverletzungen und leichte Mißhandlungen, welche im Wege des Civil-Processes verfolgt werden, ist in Preußen der Regel nach der Einzeln-Richter kompetent, jedoch dem Ermessen des Kreis- oder Stadt-Gerichts überlassen, auf Antrag einer Parthei die Verhandlung und Entscheidung vor das Kollegium zu verweisen [1]). Während eines längeren als zehnjährigen Bestehens dieser Einrichtung sind solche Anträge nur in den allerseltensten Fällen erhoben, noch seltener aber von den Kollegien für begründet erachtet.

Eine Werthlosigkeit der Befugniß zu solchen Anträgen läßt sich dennoch nicht behaupten. Sie giebt eine Garantie in gleicher Weise, wie wir deren mehrere in der Justiz- und Staats-Verfassung antreffen. — So fordert man die Zulassung einer Privatklage wegen strafbarer Gesetzes-Verletzungen als unentbehrliches Schutzmittel gegen widerrechtlich verweigertes Einschreiten durch den Staatsanwalt. Gleichwohl glaubt oder wünscht Niemand, daß die Privatklage häufig in Gebrauch genommen werde, er müßte denn auf dem Boden des Akkusations-Princips stehen. So erstrebt man ein Gesetz über die Verantwortlichkeit der Minister ohne den Wunsch, daß dessen Anwendung jemals nöthig sei.

Alle solche Einrichtungen dienen im konstitutionellen Staate als Garantien für ganz besondere Fälle und Zeitverhältnisse. Sie bilden die Ventile, welche zur Verhinderung eines Mißbrauches wirken, ohne in den Organismus selbst erheblich einzugreifen und ohne bei einem gewöhnlichen Gebrauche in Thätigkeit zu kommen. —

Ein ganz ähnliches Schutzmittel für das Gesetz und die Selbstständigkeit der richterlichen Gewalt besitzt und schätzt England. Dem

---

[1]) §§ 20 und 22 Verordnung vom 2. Januar 1849; Art II. Gesetzes vom 22. Mai 1852 (G.-S. S. 250).

Court of Queen's Bench ist das Privilegium beigelegt, alle im Königreiche anhängigen Kriminal-Processe vor sein eigenes Forum zu ziehen [1]).

Soll aber das Recht, in jeder Streitsache das Kollegial-Gericht selbst anzurufen, nur als eine äußerste Hülfe gelten, so entsteht für die Gesetzgebung die erhöhte Pflicht, in der Stellung und Befähigung der Friedens-Richter selbst dem Vertrauen zu ihrer Thätigkeit gebührende Grundlagen zu geben.

Kein Rechtsstaat ist denkbar ohne gesetzlichen Sinn im Volke. Die Einrichtungen des Staates und der Justiz müssen daher die Achtung vor dem Gesetze, die unbedingte Unterwerfung unter das Gesetz zu fördern geeignet sein. Selbst der Schein, als werde irgend ein Anspruch nicht nach dem Gesetze, sondern nach der stets von subjektivem Ermessen abhängigen Billigkeit, also willkührlich entschieden, muß streng vermieden werden. — In dem Friedens-Richter dürfen daher die alten Patrimonial-Richter nicht wieder aufleben. Das Publikum vertraute ihnen, wo tüchtige und ehrenwerthe Männer dies Amt bekleideten. Das Vertrauen war aber ein blindes; — es galt der Person, nicht dem Gesetze. Ein solches Sich-Hingeben tödtet das Gefühl für Recht und Gesetz, statt es zu beleben. Es ist das Kriterium des absoluten, nicht des Rechtsstaates. — So wenig wir der Organisation des Jahres 1849 Beifall rufen, so hat sie doch vielleicht durch eine Entwöhnung des Volkes von dem bequemen, aber gedankenlosen Verfahren, mit dem man sich den Patrimonial-Richtern überantwortete, großen Nutzen gestiftet.

Die Zeit des Patriarchenthums ist vorbei. Die Gesetze dürfen es nicht mehr als vorhanden voraussetzen. Sie müssen dem neuen Geiste Rechnung tragen. In den Ruinen des alten Gebäudes läßt sich nicht mehr wohnen; befestigen wir also das neue in seinem Fundamente.

---

[1]) Gneist, a. a. O. S. 488. Glaser im Krim.-Archiv 1852, S. 107.

Gerade in diesem Punkte bewährt sich die Vorzüglichkeit der in der Französischen Justiz-Verfassung zu Grunde liegenden Idee und zugleich, daß sie für eine gedeihliche Entwickelung in Deutschland einen viel günstigeren Boden gefunden hat, als in Frankreich selbst. Selbst da, wo die Grenze zwischen Justiz und Verwaltung schwer zu finden, hat das Gesetz die Reinheit der richterlichen Thätigkeit zu erhalten gewußt.

Das Hypotheken-Wesen ist ihrem Geschäftskreise völlig entzogen. In Vormundschafts- und Kuratel-Sachen liegt die Verwaltung selbst in der Hand eines Familien-Rathes. Der Richter leitet nur dessen Berathungen und beaufsichtigt die Vormünder. Auf Grund der ihm beigebrachten Vorschläge ernennt er Vormünder und Kuratoren, befindet über die gesetzlichen Voraussetzungen für Emancipationen und Adoptionen und beglaubigt diejenigen Akte, welche für Feststellung des Personenstandes wesentlich sind.

In allen processualischen Angelegenheiten ist er befreit von jeder, den Proceß schaffenden Thätigkeit. Das Institut der Gerichts-Vollzieher ermöglicht ein eigenes Handeln der Partheien unter öffentlicher Autorität und entbindet den Richter von der Nothwendigkeit, durch Aufnahme von Klagen zum Rathgeber der Partheien zu werden und mit einer Parthei in Abwesenheit der anderen und außerhalb der Oeffentlichkeit über den Gegenstand ihres Anspruchs verhandeln zu müssen.

Diese Einrichtungen, neben der Abgabe der sogen. freiwilligen Gerichtsbarkeit an die Notarien, sind so wesentliche Theile der Rheinischen Justiz-Verfassung, daß ohne ihre gleichzeitige Annahme das Interesse der Gesetzlichkeit durch das Institut der Friedens-Richter kaum als genügend gewahrt angesehen werden kann.

In Frankreich wurden die Friedens-Richter ursprünglich durch das Gesetz vom 24. August 1790 [1]) nur als Vermittelungs-

[1]) Frey, Institut der Friedens-Richter in Frankreich, Gerichtssaal 1850, S. 348.

Beamte geschaffen. Man verlangte deshalb von ihnen keinerlei juristische Bildung. Sehr bald jedoch (1791) verlieh man ihnen, dem praktischen Bedürfnisse folgend, eine Jurisdiktion, die mehr und mehr erweitert wurde. Aber man unterließ, die Friedens-Richter ihrem veränderten Berufe entsprechend zu befähigen. Wir haben schon oben [1]) angedeutet, daß gerade über die Person und Zuverlässigkeit der Französischen Friedens-Richter große Klage herrscht. Auch jetzt dürfte der Weg zum Besseren dort noch nicht gefunden sein. Die erwähnte Raymond Bordeaux'sche Schrift will einzelne Grundbesitzer zu Friedens-Richtern ernennen. Vielleicht schwebt diesen Reform-Versuchen der Englische Friedens-Richter vor. Die gleichnamigen Institute in beiden Ländern sind aber in ihrer Entstehungsgeschichte und in ihrer Bestimmung sehr wesentlich von einander verschieden [2]). Der Englische Friedens-Richter ist vorzugsweise Administrativ-Beamter. Seine richterlichen Befugnisse übt er niemals allein, sondern stets in größeren oder kleineren Versammlungen. — Außerdem hat sich auch in England das Bedürfniß zur Anstellung von gelehrten Richtern in den New County Courts mehr und mehr Befriedigung geschafft [3]). —

Die wenigsten Staaten sind für die hier befürwortete Einrichtung in gleich günstiger Lage, wie Preußen. Das Amt des Schulzen und der Dorfgerichte, sowie der Kreis-Landräthe vereinigt bei uns bereits alle Administrativ-Polizei, während ein großer Theil dieser Beschäftigungen in vielen Ländern noch mit den Erst-Instanz-Gerichten verbunden ist. — Wir verdanken Mittermaier [4]) eine „Zusammenstellung der neuesten Gesetzgebungs-Arbeiten über Justiz-Verfassung". — Umfassend und belehrend sind besonders die Gesetzes-

---

[1]) S. 14.

[2]) Frey, a. a. O. S. 360. Gneist, a. a. O. S. 490.

[3]) Gneist, a. a. O. S. 499. Mühry, Das Amt des Sheriff in England, Gerichtssaal 1851, S. 360 sqq.

[4]) Mittermaier im Archiv für civilistische Praxis Bd. 40. S. 245.

Vorlagen und deren Bearbeitung bei den Oldenburgschen Kammern. Man schlug hier zunächst vor, zwei Behörden neben einander aufzustellen, von denen die Eine die richterlichen, die Andere die Verwaltungs-Geschäfte führen sollte. Später — in dem Entwurfe vom 2. Februar 1857 — entschloß man sich innerhalb derselben Behörde (Gerichtsamt) diese Trennung durch die Personen zweier verschiedener Beamten herzustellen, ohne jedoch zu einem befriedigenden Resultate gelangen zu können. In den über diese Vorlage gepflogenen Verhandlungen wurde dagegen geltend gemacht: die mißliche Lage zweier solcher Beamten neben und gegen einander, die zwischen ihnen zu befürchtenden Eifersüchteleien und Kompetenz-Streitigkeiten und die Gefahr vor einem Uebergewicht, welches der Eine vor dem Anderen für seine Person und sein Ressort suchen und gewinnen würde.

Allen diesen Schwierigkeiten ist in den Rhein-Preußischen Einrichtungen begegnet. — Die Rheinischen Friedens-Richter haben keine, ihrem Berufe fremde Thätigkeit. Sie stehen als Richter in voller Achtung.

Bei den verschiedenen Organisationen ist darüber eine Meinungs-Verschiedenheit gewesen, ob man die Friedens-Richter als besondere Beamte anstellen oder Mitglieder der Kollegial-Gerichte zur Wahrnehmung der friedensrichterlichen Funktionen abordnen soll.

Mittermaier erklärt sich unter Hinweisung auf die Preußischen Einzeln-Richter für die letztere Alternative. „Durch die Einrichtung, daß sie zugleich Mitglieder der Kollegial-Gerichte sind," — sagt Mittermaier [1]) — „werde es möglich, die Richter besser zu stellen und vor jenem wissenschaftlichen Verfall und der Isolirung zu bewahren, welche namentlich bei den auf dem flachen Lande angestellten Friedens-Richtern so häufig eintrete."

Daß die Preußischen Richter auf jeder Stelle bisher sich in ehrenvoller Weise bewährt haben, darf mit freudigem Stolze aner-

---

[1]) a. a. O. S. 122.

kannt werden. In ihrem eigenen Interesse aber, wie zum Besten des Publikums ist eine Fortdauer des bisherigen Verhältnisses der Einzeln-Richter zu dem Kollegium namentlich dann nicht zu wünschen, wenn große Gerichtshöfe an die Stelle der kleinen Kollegien treten.

Der Preußische Richter nimmt eine Einzelnrichter-Stelle der Regel nach nur als Durchgangsposten an. Er harrt sehnsüchtig der nächsten Vakanz für sein Einrücken in das Kollegium. Kaum warm geworden, geht er weiter. Von einem gegenseitigen Bekanntwerden zwischen Richter und Publikum ist also selten die Rede. Er bleibt seinen Gerichts-Eingesessenen fremd. Der Richter hat die höchste Staats-Prüfung abgelegt. Die Zeit seiner Studien und seiner praktischen Ausbildung hat ihn an das Leben in den Städten eines anregenden Verkehrs, wie an eine wissenschaftliche Thätigkeit gewöhnt. Die Stellung des Friedens-Richters der kleinen Stadt kann daher seinen Gewohnheiten und seinen Ansprüchen auf die Dauer nicht genügen.

Die friedensrichterliche Wirksamkeit ist wesentlich praktisch und von der eines Mitgliedes großer Kollegien sehr verschieden. Derselbe Richter, der als Friedens-Richter Vorzügliches leistete, ist im Kollegium vielleicht sehr unbedeutend. Ebenso sind oft sehr schätzbare Mitglieder der Kollegien als Friedens-Richter nicht an ihrer Stelle. Verlangt der eine und der andere Beruf besondere Eigenschaften, so möge man dem Einzelnen die Wahl desselben überlassen.

Von den Rheinischen Friedens-Richtern wird nur das zweite juristische Examen und eine praktische Uebung gefordert. Sie genügen mit ihren Kenntnissen den durch ihr Amt geschaffenen Anforderungen. Sie treten ihr Amt an mit dem Bewußtsein und dem Willen, sich Heerd und Heimath für das Leben zu gründen. Ihnen muß daran gelegen sein, sich die Liebe und das Vertrauen ihrer Gerichts-Eingesessenen zu erwerben. Verzichte man auch hier darauf, den Richter zur Erwerbung von Ansprüchen zu nöthigen, die man ihm nicht erfüllen kann. Man entgeht dann einer nur schädlichen Stellen-Jägerei und der Gefahr, mißvergnügte Beamte zu besitzen.

Natürlich rechnen wir für den Friedens-Richter auf ein gutes, mit seinen Dienstjahren steigendes Einkommen.

Auf die finanzielle Frage dürfen wir hier nicht näher eingehen. Für die praktische Ausführbarkeit unserer Forderungen möchten wir aber auf die Thatsache hinweisen, daß die Zahl der am Rhein angestellten Justizbeamten eine erheblich geringere ist, als in gleich großen Bezirken in den alten Provinzen [1]). Zugleich würde eine

---

[1]) Aus dem amtlich herausgegebenen Jahrbuche der Preußischen Justiz-Verfassung pro 1861 entnehmen wir folgende Zusammenstellung:

	Zahl der Gerichts-Eingesessenen.	Zahl der richterlichen Beamten und zwar bei den Appellhöfen	Landgerichten	Friedensgericht.	Kr.-Stadtger.	Zahl der Beamten d. Staatsanwaltschaft.	Mithin im Ganzen: höhere Justizbeamte.	Sonach kommt ein Justizbeamter auf eine Einwohnerzahl von
Es sind a. im Bezirke d. Appell.-Ger. in Cöln	2,711249	32	109	125	—	41	307	8830
b. im Bezirke d. Kammerger. zu Berlin	1,424916	40	—	—	268	22	330	4014
c. im Bez. des Appell.-Ger. zu Stettin .	623729	14	—	—	100	9	123	5078
d. im Bez. d. Ostpreuß. Trib. in Königsberg	938059	16	—	—	149	11	176	5330
e. im Bez. des Appell.-Ger. zu Breslau .	1,398940	24	—	—	244	18	286	4892
f. im Bez. des Appell.-Ger. zu Posen . .	918222	22	—	—	159	11	192	4782
g. im Bez. des Appell.-Ger. zu Magdeburg	573260	13	—	—	96	9	118	4858
h. im Bez. des Appell.-Ger. zu Münster .	436085	10	—	—	76	6	92	4751
—	—	—	—	—	—	—	—	—
In Preußen überhaupt mit Ausschluß des Bezirks des Appellhofs in Cöln	15,015763	327	—	—	2616	208	3151	4715

Reduktion der jetzt zwei und zwanzig Appellationsgerichte auf je eins für jede Provinz unausbleiblich sein. Denn die Kollegial-Gerichte bieten sich naturgemäß als Appellations- resp. Rekurs-Instanz für die Friedens-Gerichte. In Strafsachen würde die Appellation gegen Erkenntnisse der Gerichts-Abtheilungen — so lange sie überhaupt aufrecht erhalten wird — wie am Rhein an besondere Kammern derselben Gerichtshöfe gehen. Der Geschäftsumfang der Appellations-Gerichte würde daher erheblich geringer werden.

Dabei wollen wir aber nicht verkennen, daß die Herstellung größerer Kollegien in bevölkerten Gegenden, wie am Rhein geringere Schwierigkeiten schafft, als in einzelnen Distrikten der Marken, Pommerns, Preußens und Schlesiens. Für den vor dem Kollegium anhängigen Civil-Proceß fällt zwar die größere oder geringere Entfernung der einzelnen Partheien von dem Gerichts-Sitze an sich wenig in's Gewicht. Schon jetzt ist in diesen Processen das Erscheinen der Partheien in Person nur vereinzelt. Eine indirekte Nöthigung, sich durch Rechtsanwalte vertreten zu lassen, wäre nur zum Vortheile der Recht-Suchenden.

Ueberdies würde mit Rücksicht auf den erheblich gesunkenen Geldwerth eine Ausdehnung der Kompetenz der Friedens-Richter für Processe über blos persönliche und Mobilar-Sachen bis zu einem Klage-Objekte von mindestens 150 Thlrn. wohl zu rechtfertigen sein.

Einer eingehenderen Prüfung dagegen bedarf die Frage, ob die Friedens-Richter auch in Strafsachen eine weitere Jurisdiktion außer für „Uebertretungen" erhalten dürfen?

Bei Redaktion des neuen Strafgesetzbuchs erstrebte man vorzugsweise ein Verlassen der in dem Allgemeinen Landrecht oft getadelten Kasuistik. Man beschränkte sich deshalb möglichst auf eine Aufstellung der wesentlichsten, die That selbst zu einer strafbaren machenden Kriterien. Die Würdigung der Motive oder sonstiger, die höhere oder geringere Strafbarkeit begründender Momente sollte dem freien richterlichen Ermessen bei der Strafzumessung überlassen werden. — So schied man z. B. nicht mehr zwischen Beschädigungen fremden Eigenthums „aus bloßem Muthwillen“ gegen die gleiche „aus Haß oder Rache“ hervorgegangene That; oder zwischen der unbefugten Annahme von Würden, Titeln oder Orden „aus Eitelkeit“ und „aus betrügerischer Absicht“. — Für „große“ und „kleine“ Diebstähle gilt in thesi dasselbe Strafgesetz.

Selbstredend mußten deshalb eine Menge strafbarer Handlungen, welche unter gewöhnlichen Verhältnissen mit der Strafe der Uebertretung völlig genügend geahndet werden, als „Vergehen“ charakterisirt werden, damit die ausnahmsweise in dem einzelnen Falle vorhandenen erschwerenden Umstände bei der Strafzumessung gewürdigt werden können. Wie in Frankreich, so wurde auch hier die Dreitheilung für die Kompetenz maßgebend. Dadurch war aber den Einzelnrichtern eine große Menge, bisher ihrer Entscheidung angehöriger, strafbarer Handlungen entzogen. Für die Kollegien dagegen trat eine Ueberhäufung mit Untersuchungssachen ein. Die ihnen neu zugefallenen Untersuchungen schienen meistentheils des durch sie verursachten Aufwandes an Zeit, Kosten und Kräften unwerth. Die Gleich-Behandlung schwerer Vergehen und selbst von Verbrechen [1]) mit solchen Handlungen, deren Moralität nach der öffentlichen Meinung mit den geringfügigsten Uebertretungen auf gleicher Stufe steht, war auch für den moralischen Eindruck nicht günstig. Der völlig unbescholtene, wegen einer durchaus unerheblichen Gesetzes-Verletzung angeklagte Mann mußte oft denselben Platz einnehmen, den der zu Zuchthausstrafe verurtheilte Verbrecher eben verlassen hatte. Damit wurde die Scheu vor der Anklagebank abgeschwächt, die oft wirksamer vor Begehung von Verbrechen warnt, als selbst die Strafe.

Ein Drängen nach Erweiterung der Kompetenz des Einzeln-Richters war deshalb erklärlich und gerecht. Indessen der mit dem Gesetze vom 14. April 1856 eingeschlagene Weg hat leider wieder

---

[1]) G. v. 22. Mai 1852, Art. I. § 1 (Ges.-Sammlung S. 250).

zu einer Kasuistik geführt und einen willkührlichen Einschnitt in das sonst angenommene Princip geübt. Man griff einzelne Vergehen heraus, welche dem Einzeln-Richter zufallen sollten.

Für die Inkonsequenz dieses Gesetzes sei nur die Anführung eines Beispiels gestattet: — Hat ein Dienstbote seiner Herrschaft eine Quantität Zucker in der Absicht rechtswidriger Zueignung und in gewinnsüchtiger Absicht weggenommen — also gestohlen —, so kann seine Verurtheilung durch den Einzeln-Richter erfolgen. Das mildeste Strafmaß beträgt vierzehn Tage Gefängniß.

Stellt sich aber heraus, daß der Zucker nicht gestohlen, sondern unterschlagen ist, so darf der Einzeln-Richter nicht erkennen, muß sich vielmehr für inkompetent erklären. Gleichwohl ist hier die geringste Strafe nur ein Tag Gefängniß [1]). Zunächst sind die in dem Gesetze vom 14. April 1856 gemachten Exemplifikationen ungerecht. Die Novelle mußte alle diejenigen Straffälle, welche das Gesetz mit gleicher Milde zu behandeln verstattet, auch gleichem Verfahren unterwerfen. Unter gleichem gesetzlichem Gesichtspunkt, wie die in dem Gesetze aufgestellten, stehen alle diejenigen Vergehen, welche im niedrigsten Strafmaße mit höchstens vierzehn Tagen Gefängniß oder zwanzig Thalern Geldbuße bedroht sind.

Da man aber bei schärferen Eingriffen in die Freiheit oder das Vermögen stärkere Garantien für Uebung der Strafgewalt verlangt und deshalb die äußerste von dem Einzeln-Richter zu erkennende Strafe auf sechs Wochen Gefängniß oder funfzig Thaler Geldbuße begrenzt hat, so durfte man auch für einzelne Fälle davon nicht abweichen. Der Grundsatz mußte bestehen bleiben, daß zu einer Verhängung höherer Strafen ausschließlich das Kollegial-Gericht kompetent bleibt.

---

[1]) cf. §§ 349 Nr. 3, 215, 217 Nr. 4 resp. 225 und 227 des Strafgesetzbuchs in Verbindung mit dem Gesetze vom 14. April 1856.

Das Urtel des Einzeln-Richters darf also nur dann eine Strafe für Vergehen aussprechen, wenn er innerhalb der seiner Kompetenz gezogenen Grenzen bleiben kann. Ob eine Handlung in so mildem Lichte erscheint, läßt sich in der Regel schon aus der Anschuldigung und den vor der Anklage stattgefundenen polizeilichen oder gerichtlichen Untersuchungen mit einiger Wahrscheinlichkeit voraussagen.

Es wäre daher vollkommen sachgemäß, dem Kollegial-Gerichte bei Gelegenheit der Einleitung einer förmlichen Untersuchung auf erhobene Anklage die Prüfung zu übertragen, ob die weitere Verhandlung und Entscheidung vor dem Einzeln- (Friedens-) Richter stattfinden soll.

Damit ist nach allen Seiten hin ein Bruch des Princips vermieden, nirgend das richterliche Ermessen gebunden.

Das Kollegium bleibt — abgesehen von der nach unserer früheren Ausführung ihm zustehenden Berechtigung, jede bei den Friedens-Gerichten anhängige Sache an sich zu ziehen — für alle Vergehen ohne Ausnahme kompetent und verweist dieselben nur dann an den Friedens-Richter, wenn das niedrigste gesetzliche Strafmaß höchstens vierzehn Tage Gefängniß oder eine Geldbuße von höchstens zwanzig Thalern festsetzt und aus den Vorlagen solche Momente sich nicht ergeben, welche zur Erschwerung der That und der Strafe führen.

Dem Einzeln-Richter wäre unbenommen, die etwa in der mündlichen Verhandlung hervortretenden erschwerenden Umstände festzustellen und — falls deren Würdigung ihn zu der Ueberzeugung führt, daß die That eine außerhalb seiner Kompetenz liegende Strafe verdiene — sich für inkompetent zu erklären und dem Kollegial-Gerichte die weitere Verhandlung und Entscheidung zu überlassen.

Schwierigkeiten für die praktische Ausführbarkeit liegen in der That nicht vor. Für eine einzelne Sache könnte hier und da eine geringe Verzögerung eintreten; im Ganzen aber würde eine solche Einrichtung eher zur Beschleunigung und Vereinfachung der Sache dienen. Für eine große Anzahl von Anschuldigungen geschehen jetzt umfassende Ermittelungen lediglich zu dem Zwecke, um die Kompetenz festzustellen. — Jetzt wäre ein Weg bezeichnet, um baldmöglichst die Untersuchung zur öffentlichen und mündlichen Verhandlung zu bringen.

Die vor dem Friedens-Richter stattfindende mündliche Verhandlung würde statt einer Voruntersuchung gelten, wenn sie nicht zu einem Definitiv-Urtel führen kann.

Rückblick.

Bei Besprechung des vorstehend vertretenen Systems ist uns oft die Aeußerung begegnet: „Die gegenwärtige Zeit-Strömung sei demselben nicht günstig. Das öffentliche Vertrauen stütze sich jetzt vorzugsweise auf den Richterstand. Vorschläge, welche auf eine Begrenzung der richterlichen Thätigkeit in irgend einer Weise hinzielen, würden daher immer mit Mißtrauen aufgenommen werden."

Gleichwohl konnten wir diese Schrift nicht für unzeitgemäß halten. Die Gesetzgebung soll sich blos augenblicklichen Zeit-Strömungen nicht anpassen, sondern für eine Dauer berechnet sein.

Gerade weil zur Zeit mächtig nach anderer Richtung gedrängt wird; — weil das Vertrauen zu dem Gesetze noch nicht vollkräftig; — weil das Verfassungs-Leben in Preußen in seiner gefährlichsten Entwickelungs-Periode ist; — weil in solchen Zeiten, wie stets unter dem Einflusse des Mißtrauens eine gewisse Befangenheit und Einseitigkeit entsteht: — gerade deshalb muß die Presse mit erhöhter Kraft in dem Ringen nach Klarheit über die Principien, wie über die wahren Verhältnisse des Landes vorangehen; deshalb haben wir versucht, die an sich bekannten Grundsätze der konkreten Lage der Preußischen Justiz-Verfassung vergleichend entgegen zu halten; — gerade von diesem Gesichtspunkte aus schien die Hinweisung an ihrer Stelle, daß man im konstitutionellen Leben sich nicht auf Personen, sondern auf das Gesetz zu stützen hat; gerade deshalb ist die Ausführung zeitgemäß, daß das jetzt herrschende Vertrauen zu dem Richterstande wesentlich der Person der Richter gilt und daß man sich beeilen muß, es durch solide, haltbare Grundlagen zu befestigen, so lange es noch vorhanden ist.

Von anderer Seite erhielten wir den Einwurf: „Reformen müßten nur schrittweise gehen. Sie dürften daher nicht zu viele Aenderungen gleichzeitig verlangen. Die Ausführung unseres Planes setze eine Umgestaltung des Hypotheken-, Vormundschafts-, Kuratel- und Nachlaß-Wesens, des Notariats und sogar des Proceß-Verfahrens und der Kompetenz-Verhältnisse voraus."

Wir dürfen darauf mit der Frage antworten: Ist nicht in allen diesen Punkten eine Reform in Angriff genommen? Hat nicht unsere Staats-Regierung von den Gerichts-Behörden Gutachten für den Entwurf zu einer neuen Hypotheken-Ordnung erfordert; — verlangt man nicht an allen Orten nach Verbesserung der Vormundschafts-Angelegenheiten; — ist nicht eine besondere Kommission für Revision der jetzigen und Aufstellung neuer Proceß-Gesetze in voller Thätigkeit?

Darf man aus diesem Wirken, wie aus dem von den Regierungen beförderten Leben des Deutschen Juristentages mit Recht schließen, daß in allen diesen Beziehungen durchgreifende Aenderungen im Werke sind, dann ist unsere Arbeit gewiß eine zeitgemäße, wie dies die Autorität bezeugt, mit deren Ausspruche wir sie eingeführt haben [1]).

So wenig sich aber über die Formen des Verfahrens streiten läßt, bevor man sich über die zu ihrer Anwendung berufenen Organe

---

[1]) s. Vorwort S. III.

verständigt hat, so ungerechtfertigt wäre eine Bildung von Organen ohne eine Klarheit über die ihnen zufallende Aufgabe.

Beides — Verfassung und Verfahren — muß bei seiner Entwickelung Hand in Hand gehen.

Besonders verwerflich aber wäre der Versuch, ein einzelnes Organ der Rechtspflege auszubilden, ohne dessen Stellung und Verhältniß zu den mit und neben ihm wirkenden Kräften zu berücksichtigen.

Die Befürchtung vor solchen vorzeitigen und einseitigen Reformen im Gebiete der Staatsanwaltschaft hat — wir dürfen es bekennen — vorherrschend diese Schrift veranlaßt. Ist sie eine unbegründete, so wird die Liebe zu dem eigenen Berufe zur Entschuldigung dienen [1]). Erweckt ist sie durch die lauten Stimmen, welche stets allein von Umformung der Staatsanwaltschaft sprechen.

---

[1]) Der während des Druckes dieser Schrift den Häusern des Landtags unter dem 10. Januar 1862 vorgelegte Entwurf eines Gesetzes betreffend die Anklagebefugniß des Verletzten im Strafverfahren hat die oben ausgesprochene Besorgniß nicht beseitigt. Nach den beigegebenen „Motiven" wird zwar für das Gesetz nur eine beschränkte Dauer beansprucht: „bis zum Erlaß einer neuen Strafproceß-Ordnung". Aber auch ein nur einstweilen geltendes Gesetz, welches die Fundamental-Sätze der Gerichts-Verfassung und des Strafverfahrens in den wenigen, bisher mühsam unangetastet erhaltenen Punkten in Frage stellt, muß gerade für die jetzige, an Begriffs-Verwirrungen so schwer leidende Zeit in hohem Grade bedenklich erscheinen.

Nach der Vorlage soll auf Anrufung des durch eine strafbare Handlung angeblich Verletzten, dessen Antrag auf Untersuchung von dem Staatsanwalt und Oberstaatsanwalt zurückgewiesen ist, das Appellations-Gericht nach Prüfung der von der Staatsanwaltschaft erlassenen Bescheide eine Voruntersuchung anordnen dürfen. Für das weitere Verfahren hat der Verletzte keinerlei Rechte und Pflichten. Dem Staatsanwalt verbleibt die Erhebung und der Betrieb der Anklage.

Der Ausdruck „Beschwerde" ist zwar geflissentlich vermieden. Der § 9 des Entwurfs verordnet sogar, daß in den Verhältnissen der Beamten der Staatsanwaltschaft zu den Gerichten und zu dem Justizminister (§ 3 V. v. 3. Januar 1849) nichts geändert werde.

Thatsächlich wird aber das Appellations-Gericht eine wirkliche Beschwerde-Instanz über die Staatsanwaltschaft, ja sogar — über den Justizminister.

Sie ist **ein Organ** für die Rechtspflege und fordert daher organische Verbindung mit den übrigen Gliedern des gesammten dafür wirkenden Körpers.

Dies nachzuweisen war Haupt-Tendenz dieser Schrift. — Die Erkenntniß von der Nothwendigkeit harmonischer Uebereinstimmung in allen Theilen des Organismus für Ausübung der Gerichtsbarkeit gilt uns als wesentlichste Bedingung für den Beginn einer gedeihlichen Reform.

Trotz der erheblichen Abweichungen von den jetzigen Institutionen, welche für unser System beansprucht werden, durften wir doch dessen historische Berechtigung behaupten. Schon damit dürfte dem Verdachte radikaler und zersetzender Bestrebungen begegnet sein. — Wir haben dabei vielmehr — abgesehen von den augenblicklich herrschenden politischen Parthei-Standpunkten, die für unsere Er-

---

Auch in dieser Beziehung ist die Fassung des Gesetzes eine vorsichtige. Es nennt den Justizminister nicht. Die „Motive" erkennen aber — indirekt wenigstens — an, daß die Anrufung des Appellations-Gerichts durch den Verletzten selbst dann zulässig sei, wenn der Justizminister die ablehnende Verfügung der Staatsanwaltschaft auf erhobene Beschwerde gebilligt hat. Umgekehrt aber ist nach dem eingebrachten Gesetze der Justizminister in der Lage, unter Nichtachtung der von dem Appellations-Gericht auf Anrufung des Verletzten bereits abgegebenen Erklärung, daß in der angezeigten That ein Verbrechen oder Vergehen nicht liege, eine Voruntersuchung zu veranlassen; denn keine Bestimmung versagt dem angeblich Verletzten den Weg der Beschwerde bei dem Justizminister, wenn er das Appellations-Gericht ohne Erfolg angerufen hat.

Ebenso unheilvolle Konflikte ermöglicht die Vorlage auch unter den Gerichtsbehörden selbst. Hat das Appellations-Gericht die Führung einer Voruntersuchung wegen einer Handlung beschlossen, welche die Staatsanwaltschaft für straflos gehalten hatte, so geschieht dieselbe durch das Kreis- oder Stadt-Gericht. — Dasselbe ist jedoch berechtigt, unter Annahme der von dem Appellhofe verworfenen Ansicht des Staatsanwalts die Versetzung in den Anklagestand zu verweigern. — Der Staatsanwalt hat natürlich keine Veranlassung, der Verletzte keine Berechtigung zur Beschwerde. Das Rechtsgefühl des Letzteren ist also auf das Empfindlichste beleidigt: sein von dem höheren Gerichte anerkanntes Recht wird ihm durch das Untergericht abgesprochen, ohne daß er dagegen ein Rechtsmittel hat.

örterung völlig ohne Einfluß bleiben durften und mußten und den zu deren Bezeichnung angenommenen Namen — einen wahrhaft konservativen Zweck im Auge.

Die Wiederherstellung großer unabhängiger Gerichts-Kollegien, sowie die Einführung von Friedens-Richtern, welche dauernd diesen Beruf ergreifen und erfüllen wollen, soll dazu beitragen, der schädlichen und vernichtenden Wirkung der an sich unaufhaltsam vorschreitenden Centralisation einen kräftigen Damm entgegen zu setzen.

Wir sehen die Hauptstadt des Landes, den Mittelpunkt des gesammten Verkehrs mehr und mehr steigen: dort tagt das Parlament; von dort aus wird das Land regiert und das Gesetz erlassen. — Soll ihre Höhe nicht eine schroffe werden neben dem Lande, so müssen die Provinzen streben, sich aus der Ebene und Flachheit herauszuheben. Sie müssen sich in kommercieller und industrieller Beziehung emporarbeiten, sich und ihre Rechte geltend machen: — sonst verkommen und verschwinden sie zum Schaden des Ganzen.

Der Raum der bloßen „Anmerkung" verbietet eine erschöpfende Beurtheilung der Vorlage. Sie fällt im Wesentlichen unter die Kathegorie des in unserem Abschnitt II. behandelten Reform-Vorschlages, ohne dessen Lichtseiten für die persönliche Stellung des Staatsanwalts mitzubringen.

Der Art. 11 des Französischen Gesetzes v. 20. April 1810 hat den dortigen Appellhöfen eine gleiche Befugniß beigelegt. Napoleon I. hatte sie der lebhaftesten Widersprüche unerachtet verlangt in der Erwartung, daß die nach seinem Willen zusammengesetzten Gerichtshöfe unter Schutz und Schatten der Kollegialität sich eher zu Verfolgungen gegen die Macht der öffentlichen Meinung entschließen würden, als der einzelne, mit seiner persönlichen Ehre für seine Maßregeln einstehende Beamte.

In einem Zeitraume von länger als 50 Jahren ist aber namentlich am Rhein der Gebrauch dieser Befugniß beharrlich verschmäht in der Erkenntniß, daß damit die Idee einer Theilung der Gewalten, welche in gleicher Weise der Gerichts-Verfassung, wie dem Strafverfahren zu Grunde liegt, geradezu vernichtet wäre; — in der Ueberzeugung, daß die richterliche Gewalt nur dann eine starke und feste Stütze des Gesetzes sein kann, wenn sie innerhalb der natürlichen Grenzen ihres Berufes bleibt.

Vergl. Verhandlungen des II. Deutschen Juristentages Bd. I. S. 152 u. 186 (v. Groß und v. Seckendorf). Maugin, Th. I. Nr. 24. S. 149. Glaser, Versetzung in den Anklagestand im Kriminal-Archiv 1852.

Das Recht der einzelnen Landestheile, ihre Provinzial-Rechte und Statuten können die kleinen Gerichts-Kollegien nicht schützen und erhalten. Nur vereinzelt kommen sie bei den verschiedenen Gerichten in Frage. Deren wenige Mitglieder wechseln schnell; sie haben nicht den Willen, lange Zeit in derselben Stellung zu verbleiben und daher kein Interesse, sich in die Einzeln-Rechte hineinzuleben. So verliert sich die Praxis und Kenntniß derselben.

Die Gesetzgebung muß das heimische Recht in denjenigen Grenzen schützen, in denen es erwachsen ist.

Auch der Provinzial-Verkehr sucht sich innerhalb der Provinzen seinen Mittelpunkt und zwar fast durchweg in den Hauptstädten der Marken und Landschaften, deren Zusammensetzung Preußen bildet. Hier concentrirt sich der ländliche und Handels-Verkehr der umliegenden Ortschaften; hier leistet und empfängt man Zahlungen; hier ist also der Haupt-Platz für die innerhalb der zusammengehörigen Kreise vorkommenden Geschäfte. Und aus diesen Geschäften erwächst ja ein Haupt-Theil der den Gerichten zufallenden Thätigkeit.

Jede dieser Marken und Landschaften ist als ein Bezirk für ein eigenes unabhängiges und selbstständiges Kollegial-Gericht, ihre Hauptstadt als dessen Residenz bezeichnet.

Mögen diesen Gerichtshöfen die historischen Namen der einzelnen Landestheile, für welche sie errichtet, verliehen werden, wie diese Namen auch in der Armee wieder Aufnahme gefunden haben.

FSC
www.fsc.org
MIX
Papier | Fördert gute Waldnutzung
FSC® C083411

Kolibri 360 GmbH
Ferdinand-Jühlke-Straße 7
99095 Erfurt, Deutschland
produktsicherheit@kolibri360.de